Comédie française

Ça a débuté comme ça...

Catalogage avant publication de Bibliothèque et Archives nationales
du Québec et Bibliothèque et Archives Canada
Luchini, Fabrice
   Comédie française : ça a débuté comme ça...
   ISBN 978-2-89077-703-3
   1. Luchini, Fabrice. 2. Acteurs - France - Biographies. I. Titre.
PN2638.L82A3 2016   791.4302'8092   C2016-940232-0

Mise en pages : Nord Compo

Imprimé au Canada, sur papier Enviro 100 % post-consommation

www.flammarion.qc.ca

Fabrice Luchini

Comédie française

Ça a débuté comme ça…

Flammarion
Québec

À mon père, Adelmo Luchini
À ma mère, Hélène

— Ah ! sollicitude à mon oreille est rude : Il pue étrangement son ancienneté.

— Il est vrai que le mot est bien collet monté.

Molière, *Les Femmes savantes*,
acte II, scène 7.

PRÉFACE
à l'édition québécoise

Dans la vie d'un acteur comme moi, les séjours que j'ai faits à Montréal et à Québec, notamment à l'occasion du spectacle sur La Fontaine et sur Paul Valéry, *Le Point sur Robert*, ont été, je dirais, quasiment essentiels.

Je n'ai jamais vu nulle part une telle résistance, un si fort génie de vitalité pour la langue. Quand je jouais La Fontaine, des gens venaient dans ma loge et me disaient : « Nous nous sommes battus des centaines d'années pour être capables de venir entendre Baudelaire et La Fontaine. » C'est un compliment qui dépasse ma petite personne, qui dépasse mon ego. Et, comme toutes les grandes choses, elles ne sont véritables que parce qu'elles me dépassent.

Dans ma rencontre avec le public, à Montréal ou à Québec, en un mot, dans ma rencontre avec ces êtres qui ont un rapport essentiel à notre langue, j'ai vu une ferveur absolument unique.

Je ne renonce pas à venir donner mon spectacle *Poésie ?* au Québec, mais entre-temps je suis heureux de vous présenter ce livre. C'est l'histoire d'un autodidacte qui a un petit point commun avec vous puisqu'il aime par-dessus tout sa langue. Pour citer Céline, « loin du français, je meurs ». J'ai l'impression que cette phrase vous va directement au cœur : loin du français, vous mourez, c'est ce que vous avez incarné et ce que vous incarnez encore.

Je vous embrasse de tout mon cœur.

F. L.

Paris, 1ᵉʳ juin 2015

Il faut trouver ces premières lignes. Pas les trouver d'ailleurs, les fixer. C'est récurrent, tous les deux ans, il y a une petite demande des éditeurs. Alors il faudrait écrire un bouquin. Aucune obligation, même le contraire. « Il y a trop de tout », dirait Valéry. Tout m'empêche. Essayons.

Chapitre premier

LE FÂCHEUX

La scène commence par un déjeuner à l'hôtel Montalembert avec Christophe Ono-dit-Biot, directeur adjoint de la rédaction de l'hebdomadaire *Le Point*. Un coin caché près de la cheminée. Une table minuscule. Le sujet est la couverture du *Point* : Jean de La Fontaine. Au départ, je devais débattre avec Marc Fumaroli. L'autodidacte face au Collège de France. Trop compliqué à organiser. Je me retrouve seul avec Christophe. Il est charmant. Tout le monde le salue et il salue tout le monde. On discute de la « *cover* ». Les journalistes disent « *cover* ». Il lance ses questions. Je me concentre. D'où vient le miracle chez La Fontaine ?

Je commence sur l'absence de tout geste dans l'écriture. La fluidité lumineuse. Quelle que soit l'heure, j'arrive à témoigner, à essayer de faire sentir. Ça fait partie du métier. J'ajoute des mots aux mots. Je laisse la parole au fabuliste. « Le Meunier, son Fils et l'Âne[1] » :

> J'ai lu dans quelque endroit qu'un meunier et son
>   fils,
> L'un vieillard, l'autre enfant, non pas des plus petits,
> Mais garçon de quinze ans, si j'ai bonne mémoire,
> Allaient vendre leur âne, un certain jour de foire.
> Afin qu'il fût plus frais et de meilleur débit,
> On lui lia les pieds, on vous le suspendit ;
> Puis cet homme et son fils le portent comme un lustre.
> Pauvres gens, idiots, couple ignorant et rustre.
> Le premier qui les vit de rire s'éclata.
> Quelle farce, dit-il, vont jouer ces gens-là ?
> Le plus âne des trois n'est pas celui qu'on pense.

L'ultra-efficacité de la langue. Et puis arrive une formule. Je la tente. Ce n'est pas mon métier les formules. Mais ça fait quarante ans que je cherche. La Fontaine, dis-je à Ono-dit-Biot, a été confronté au marbre de l'Antiquité. Celui d'Ésope. Il pesait, dit-on, énormément, cet Ésope. De ce marbre, de cette structure lourde, La Fontaine a fait de la dentelle, du bloc de pierre est sortie une fluidité. Un mouvement libéré de toute rhétorique. « Un mouvement libéré de toute rhétorique » : Ono-dit-Biot est content, il trouve la formule très *Le Point*. Je m'emballe : La Fontaine, serait-ce une

---

1. Le lecteur trouvera les références des textes cités en fin de volume.

pure liberté au milieu de la contrainte ? une pure invention au milieu de la rigueur ? une pure subversion au milieu d'une exquise courtoisie ? une pure anarchie au milieu d'un super ordre ? Non, non, non, La Fontaine, comme disait Céline, c'est fin…, c'est ça… et c'est tout, c'est final. Écoutons « La Laitière et le Pot au lait » :

> Légère et court vêtue elle allait à grands pas ;
> Ayant mis ce jour-là, pour être plus agile,
> Cotillon simple, et souliers plats.
> Notre laitière ainsi troussée
> Comptait déjà dans sa pensée
> Tout le prix de son lait […].

« Légère et court vêtue » : on la voit, devant nous, en minijupe, les jambes en mouvement, c'est une pub de Dim ! C'est ça, la beauté : l'agencement. Écoutons encore :

> Perrette, sur sa tête ayant un pot au lait
> Bien posé sur un coussinet,
> Prétendait arriver sans encombre à la ville.
> Légère et court vêtue elle allait à grands pas ;
> Ayant mis ce jour-là, pour être plus agile,
> Cotillon simple, et souliers plats.
> Notre laitière ainsi troussée
> Comptait déjà dans sa pensée
> Tout le prix de son lait, en employait l'argent,
> Achetait un cent d'œufs, faisait triple couvée ;
> La chose allait à bien par son soin diligent.
> Il m'est, disait-elle, facile,
> D'élever des poulets autour de ma maison :

Le Renard sera bien habile,
S'il ne m'en laisse assez pour avoir un cochon.
Le porc à s'engraisser coûtera peu de son ;
Il était quand je l'eus de grosseur raisonnable :
J'aurai le revendant de l'argent bel et bon.
Et qui m'empêchera de mettre en notre étable,
Vu le prix dont il est, une vache et son veau,
Que je verrai sauter au milieu du troupeau ?
Perrette là-dessus saute aussi, transportée.
Le lait tombe ; adieu veau, vache, cochon, couvée ;
La dame de ces biens, quittant d'un œil marri
Sa fortune ainsi répandue,
Va s'excuser à son mari
En grand danger d'être battue.
Le récit en farce en fut fait ;
On l'appela *le Pot au lait*.

Quel esprit ne bat la campagne ?
Qui ne fait châteaux en Espagne ?
Picrochole, Pyrrhus, la laitière, enfin tous,
Autant les sages que les fous ?
Chacun songe en veillant, il n'est rien de plus doux :
Une flatteuse erreur emporte alors nos âmes :
Tout le bien du monde est à nous,
Tous les honneurs, toutes les femmes.
Quand je suis seul, je fais au plus brave un défi ;
Je m'écarte, je vais détrôner le Sophi ;
On m'élit roi, mon peuple m'aime ;
Les diadèmes vont sur ma tête pleuvant :
Quelque accident fait-il que je rentre en moi-
    même ;
Je suis gros Jean comme devant.

Je tiens mon idée : La Fontaine serait-il donc un adaptateur de génie à l'écriture traversée par les sagesses, les morales les plus anciennes, les plus universelles ? Non ! Elles traversent l'œuvre comme par effraction.

Non, le génie de La Fontaine c'est d'avoir créé, plutôt retrouvé le mouvement. Un magicien habile ? Non plus. Un adaptateur ? C'est ça, un adaptateur. Un adaptateur. Partant du marbre figé, il réalise un miracle et ce miracle c'est la langue ! Et, tant que j'y suis, je tente une hypothèse. Céline sort tout droit de ça… Céline sort de La Fontaine. Des années que je cherche d'où vient Céline. Il vient de là : « J'ai lu dans quelque endroit qu'un meunier et son fils… »

J'en suis là quand Bruno Le Maire, la quarantaine éclatante, vient nous saluer. On parle fables, « Le Loup et le Chien », plus précisément : « Un loup n'avait que les os et la peau… », dit-il. Je lui dis que sa diction ne va pas. Il le reconnaît. Je l'invite au théâtre. À quelques mètres de là, entrent un technicien, un producteur, et je reconnais Denis Podalydès et Jean-Louis Trintignant. Le visage austère, le comédien est là comme un parrain sicilien, entouré de ceux qui veulent faire avec lui un gros coup.

Je pourrais faire un simple sourire, un geste de la main. Montrer comme la duchesse de Guermantes que je les ai vus mais que je ne les dérangerai pas. La grande distinction aurait été de ne pas les déranger. J'aurais pu être énigmatique. Ils m'attirent pourtant. Nous sommes tous trois comédiens et la corporation m'aimante. C'est fraternel. C'est comme ça. Je viens les saluer. Je suis comme au foyer. Un foyer sec, mais au foyer. Il n'y a pas d'accueil immense, mais pas d'hostilité non plus.

« Et toi, qu'est-ce que tu fais en ce moment ? », ils me demandent. La magie de Paris ! Je suis sur scène depuis six mois. À la une des journaux. Matinale de France Inter et « 20 heures » de France 2, mais ça ne compte pas. « Et toi, qu'est-ce que tu fais en ce moment ? » C'est Paris ! C'est fabuleux ! Tu peux remplir l'Olympia pendant un an, être sur des affiches en « quatre par trois » et tous les soirs à la télé, on continuera à te demander : « Et toi, qu'est-ce que tu fais en ce moment ? » Je pense chaque fois à cette réponse de Cioran ; à la question « qu'est-ce que vous préparez ? » il répondait : « J'aurais envie de leur foutre mon poing dans la gueule. Est-ce que j'ai une tête à préparer quelque chose ? »

Je leur restitue le travail que je fais. Je leur parle des auteurs. Je sens que je brutalise l'ordre des choses. Il prend une clope, Trintignant, et il sort dans la rue. Je l'accompagne. On s'assoit et j'ai la présence d'esprit de faire le mec qui s'incruste profondément. Il y a chez moi une attirance pour la famille des acteurs, comme une aimantation pour le foyer partagé par une troupe. Je demande à Jean-Louis Trintignant quand je peux venir lui rendre visite à Uzès. En un mot je leur dis : « Je ne suis pas loin d'être un fâcheux, là. » Et là, ça s'envole...

Je commence à dire *Les Fâcheux* de Molière (qu'est-ce qui me prend ?) :

> Sous quel astre, bon Dieu, faut-il que je sois né,
> Pour être de fâcheux toujours assassiné !
> Il semble que partout le sort me les adresse,
> Et j'en vois, chaque jour, quelque nouvelle espèce.
> Mais il n'est rien d'égal au fâcheux d'aujourd'hui.

J'y suis. La diction, le rythme, tout. Qu'est-ce que je découvre ? Que la littérature, l'œuvre, la puissance des auteurs n'est pas dans une université séparée de la réalité, elle n'est pas là seulement quand l'acteur est sur scène. Quelle différence entre la scène et la vie ? Je ne juge pas ceux qui passent quatre heures dans leur loge à se concentrer mais moi, j'arrive deux minutes avant l'entrée en scène. Je parle au régisseur d'argent, de politique, de femmes et, quand il faut commencer, j'essaie de lui dire, comme Guitry : « Attends une seconde, j'ai deux mots à leur dire et je reviens tout de suite. » C'est ma méthode.

Ce jour-là, au Montalembert, je récite Molière dans une situation proustienne. Je vois bien que j'insiste, que je m'impose, que je fous presque le bordel. Mais la langue de Molière vient, s'impose. Et c'est le miracle… Quand tu t'accroches au sens organique du texte, ce n'est pas un monologue, c'est de la conversation.

> Les acteurs commençaient, chacun prêtait silence,
> Lorsque d'un air bruyant et plein d'extravagance,
> Un homme à grands canons est entré brusquement,
> En criant : « Holà-ho ! un siège promptement ! »

Quel plaisir de respirer cette langue, de restaurer le sentiment éternel de Molière. Et de découvrir le bonheur du turbo, du parler et en même temps de l'écrit. Et la jouissance de faire croire que l'écrit, c'est de l'organique : la vie. Je ne sais pas ce qu'ils en pensent, eux, le groupe. Ils me prennent peut-être pour un fou de transporter ainsi le cérémonial du théâtre dans le bar de l'hôtel Montalembert.

> Sous quel astre, bon Dieu, faut-il que je sois né,
> Pour être de fâcheux toujours assassiné !
> Il semble que partout le sort me les adresse.

Quel plaisir de voir entrer cette langue classique dans la vie ordinaire, Molière au Montalembert. Chez lui, tout est senti. Au lieu d'être dans l'Académie, à la Comédie-Française, c'est émis, affirmé, à l'heure du déjeuner, cigarette à la bouche, face à un grand sociétaire de la Comédie-Française et à Jean-Louis Trintignant.

Me voici à nouveau seul. Le Montalembert est déjà loin. Quand je songe à ce technicien, à Denis Podalydès, à Jean-Louis Trintignant, à cette bande, je les envie. Ils forment un groupe et je suis seul. L'hystérie séduit, domine et isole. Tout à l'heure, le petit groupe projetait de monter un spectacle autour du « Bateau ivre ». « Comme je descendais des Fleuves impassibles... » Un spectacle autour du « Bateau ivre » ! Je le joue depuis des mois. J'affirme pourtant avec une absolue certitude que c'est impossible de dire le « Bateau ivre ». J'aurai beau chercher jour et nuit, je m'y épuiserai comme le sculpteur cherche en vain à faire vibrer le marbre. Et encore, le sculpteur a une forme. Le musicien a des notes. Moi je n'ai rien d'autre que des mots agencés. « Comme je descendais des Fleuves impassibles ». Tout ça est physique, organique. « Je ne me sentis plus guidé par les haleurs. » Nous y reviendrons. Trintignant vient de m'envoyer par texto une vidéo où il récite quelques vers de Musset. Quelque chose nous dépasse, c'est la fraternité qui résulte de notre pratique du théâtre. Au fond, j'ai été heureux d'appartenir à une troupe quelques minutes.

16 juin 2015

Représentation aux Mathurins, grande lassitude. Soirée étrange. Leur attention disparaît au milieu de la pièce. Sentiment que le Rimbaud et le Baudelaire sont très bien passés. Je dirais même que je les ai saisis. J'ose amplifier « Le Bateau ivre ». Il me semble que les évocations et les images surgissent plus facilement pour le public, comme si l'amplitude vocale détachait les images. Avec tout le risque de charger la phrase, et la menace de la boursouflure, que je n'ai pas sentie. Je m'approche lentement d'une exécution plus précise, plus osée. C'est assez miraculeux de voir clair dans un morceau où je ne comprenais rien. Tout s'est bien passé avec les poèmes de l'enfance.

C'est avec Proust que j'ai eu cette sensation d'une marée qui se retire. Ma fatigue. La chaleur. Peut-être mon sentiment du public est-il exacerbé ? Toute la dernière partie, exécution sans magie.

Représentation tout à fait correcte, aptitude ahurissante de la part du public à accepter la force des poèmes.

Pris un verre après le spectacle avec Yasmina Reza. Extrêmement touché par sa formule : « En écoutant ton spectacle, je me suis dit : voilà pourquoi je me sens française, c'est pour ça. » La langue et les écrivains.

Chapitre 2

MES GUERMANTES

La langue vivante, je ne l'ai pas apprise à l'école. Elle courait, quand j'étais enfant, dans le quartier des Abbesses. Avec la bande.

> Je reviens à la langue parlée, écrit Paul Valéry. Croyez-vous que notre littérature, et singulièrement notre poésie, ne pâtisse pas de notre négligence dans l'éducation de la parole ? [...] Cependant qu'on exige le respect de la partie absurde de notre langage, qui est sa partie orthographique, on tolère la falsification la plus barbare de la partie phonétique, c'est-à-dire la langue vivante...

La bande, c'était des gens violents qui avaient une langue. Une chose qui me fascinait dans ce regroupement d'individus, c'est qu'ils formaient une masse. La police avait des hésitations à aller se promener dans ce coin-là. Ils se donnaient rendez-vous au coin de la rue Houdon et de la rue des Abbesses ou alors sur la place du métro. Une trentaine ou une quarantaine de garçons, de mecs. Ça ne rigolait pas : la bagarre était leur seule expression. Il y avait du bruit, de la violence, du mouvement, de la fumée : une sorte de place Jemaa el-Fna. J'avais accès à eux grâce à des filiations de concierge de la rue Ramey. Ce n'était pas évident de les atteindre. C'est par eux que la puissance de l'oralité m'a été révélée. « On s'arrache », entendait-on sous le métro. Ils n'avaient jamais lu Valéry mais quand ils disaient « on s'arrache », j'avais l'image des pieds qui se décollent du goudron.

Le verlan, le louchébem vingt ans avant Renaud composaient un cocktail inimitable, un alcool violent. Je ratais tout dans la langue officielle, je réussissais tout dans la langue parallèle. L'agencement des mots et des sons formait ma première partition. Je n'allais pas entendre la Berma dire Racine (je ne connaissais ni l'un, ni l'autre, ni Proust) mais quand pour la première fois j'ai entendu « Mais dis donc, tu te dérobes ? », ce fut comme une révélation. « Tu te dérobes ? » lançaient les mecs à celui qui refusait soit une virée au bordel ou aux Champs-Élysées, soit de les accompagner acheter une chemise chez Tati. « J'ai besoin d'un tee-shirt », « J'ai pas envie de t'accom-

pagner, répondait l'autre, arrête de me faire iech. »
« Tu te dérobes ? » Tout est là, dans ce « tu te
dérobes ? » à cause d'un tee-shirt. Dramatiser ce
qui n'a aucun sens. « Tu te dérobes ? » Tout un
code social qui accompagnait ces quelques lettres :
appartenance, force du groupe, crainte de la dis-
grâce. « Tu te dérobes ? » Pas du Bruant, ni du
Poulbot, mais la langue des aristos de la rue. Mes
Guermantes.

Un autre monde. Il faut dire que ce n'est pas
rue du Bac que ça a commencé. Mais très loin
de chez Gallimard, là-bas, au-delà de Saint-Lazare.
Par la faute d'une ligne d'autobus. La ligne 80.
Ce n'est pas rien, la ligne 80. Les gens appellent
ça un « moyen de transport ». Ils y montent et y
descendent sans voir que d'une station à l'autre
la machine à plateforme est devenue une ignomi-
nie mécanique et technicienne et que le parcours
est souvent celui de toute une existence. Au début,
on a 14 ans, on est sur la plateforme, on en a
plein les yeux, les rues défilent.

Le parcours du 80, c'est l'acte fondateur de ma
Maman.

Avec ma mère, écrit Céline dans *Voyage au
bout de la nuit*, nous fîmes un grand tour dans
les rues proches de l'hôpital, une après-midi, à
marcher en traînant dans les ébauches des rues
qu'il y a par là.

29

Ma mère dort avec mon père au cimetière de Montmartre. Pas loin de Guitry. Pas loin de Truffaut. En dessous du pont Caulaincourt, sur le parcours du 80.

Avec ma mère, nous en fîmes des grands tours. Elle était fille de l'Assistance publique à Nevers. Elle n'avait pas de parents. Elle s'était mariée avec un homme qui au retour de la guerre était devenu fou : il ne la reconnaissait pas. Ces deux misères s'étaient retrouvées, il en est sorti trois enfants. J'ai deux frères, mais j'ai eu la folie de penser que j'étais le seul. De là vient mon dévorant désir d'être le préféré.

Le soir, j'aidais mes parents pour les livraisons. Je montais les marches du passage Cottin en portant les cageots de fruits et de légumes. Plus on grimpait, plus l'horizon s'élargissait, plus l'air se purifiait. L'escalier social possède celui qui le monte. Ma mère avait une belle clientèle, tout le haut Montmartre. J'allais livrer les dames dans le haut Lamarck. Le haut Lamarck. On avait l'impression d'être dans les hauteurs de Nice. Je montais, je montais, j'accédais. Là-haut. Les appartements étaient vastes, tout était aéré. Je ne connaissais pas encore la phrase de Michel Audiard – « Moi, le pognon, ça m'émeut » –, mais j'éprouvais une émotion indescriptible.

Le 80, au départ, ce n'était qu'une station sous la mairie du 18ᵉ. C'est aussi le dépôt. Les bus y soufflent comme des chevaux qui attendent de sortir. Des bêtes au repos. Une étable. Gamins, on restait à quai sans monter dedans : la colline suffisait. Rue Chevalier-de-La-Barre, il y avait un ruisseau. « Si je désire une eau d'Europe, c'est la flache [c'est-à-dire la flaque], écrit Rimbaud dans "Le Bateau ivre", noire et froide où vers le crépuscule embaumé un enfant accroupi plein de tristesses... » L'enfant accroupi, c'était vraiment Robert, c'était moi. Il n'était pas plein de tristesse, sûrement plein d'angoisse. « Un enfant accroupi plein de tristesses, lâche un bateau frêle comme un papillon de mai. » Mon bateau de papier partait sur la mer immense. On grimpait et on dévalait la butte. Les troupes à casquette du fascisme touristique ne l'avaient pas encore envahie.

Le collège alors n'était pas automatique. Le parcours naturel ce n'était pas CM1, CM2, 6ᵉ. Il y avait l'élite qui allait au collège et le reste allait en troupeau à l'école des pauvres : les ratés.

Toute une vie, toute la vie, sépare l'école communale du lycée... écrit Céline. Les uns sont de plain-pied, dès l'origine, dans l'expérience, les autres seront toujours des farceurs... [...] Ils ont fait la route en auto, les mômes de la communale, à pompes...

31

L'émotion, à l'entendre, est le privilège des petits, des pauvres. Ils voient la vie dans son intensité naturelle quand les bourgeois la cherchent désespérément. « Escrocs d'expérience et d'émotions ! » Céline exagère, bien entendu, mais quand il décrit la recette que l'on compte à la nuit tombée, elle est là, devant nous :

> Matrodin n'en finissait pas dans ses additions. Il avait enlevé son tablier et puis son gilet pour mieux compter. Il peinait.

À 13 ans, j'ai eu mon certificat d'études. Puis j'ai fait de la comptabilité. Je n'y comprenais pas grand-chose. Ça ne servait à rien d'insister. Ma mère avait un instinct absolu. Un matin, elle avait ouvert *France-Soir*. Il y avait de la demande. C'était les années 1960. Il y avait du boulot dans les années 1960.

Maman avait obtenu un rendez-vous avenue Matignon. Un salon de coiffure. Les références étaient excellentes et puis c'était commode, on allait pouvoir s'y rendre par le bus 80.

30 juin 2015

C'est étrange mais je n'ai jamais eu la volonté de transformer la vie ou d'agir sur l'injustice, je n'ai jamais pensé que le réel allait se transformer par le militantisme (la révolte ?). Pas une seconde je n'ai ressenti le mal d'être face à l'horreur des injustices. Mon militantisme marxiste a dû durer une dizaine de jours où j'ai essayé de vendre *Rouge*, en ne comprenant pas très bien ce qui le différenciait de l'autre branche révolutionnaire de Lutte ouvrière.

Une seule manifestation à 16 ans, c'était place Clichy ; je ne savais pas exactement où elle se dirigeait d'ailleurs. J'ai le souvenir d'un slogan furtif : « Les putes avec nous ». Des fenêtres se sont ouvertes boulevard de Clichy. Comme les fenêtres du métro aérien de New York dans *Voyage au bout de la nuit* ; je me souviens de la réplique d'un travesti : « Vous finirez tous avec un cancer de la langue. »

Voilà. Donc je me suis attelé à comprendre quelques révélations. Je me suis dit comme Valéry :

33

« J'en suis venu, hélas, à comparer ces paroles par lesquelles on traverse si lestement l'espace d'une pensée à des planches légères jetées sur un abîme, qui souffrent le passage et point la station. L'homme en vif mouvement les emprunte et se sauve ; mais qu'il insiste le moins du monde, ce peu de temps les rompt et tout s'en va dans les profondeurs. »

Ces souvenirs sur le langage se sont produits à la suite de l'émission « C Politique » de dimanche dernier, animée par l'admirable Caroline Roux, où un militant du Parti socialiste, Julien Dray, reprécisait ses engagements, ses rêves, ses espoirs et plus généralement son programme. Il avait l'air d'utiliser un mot nouveau qui était celui « d'homme émancipé ». Il pensait que depuis son engagement trotskiste « le monde avait changé et qu'il fallait proposer aux citoyens d'autres projets », et il a insisté sur les mots « d'autres utopies ». En cela il ne faisait que confirmer la sincérité de son engagement d'homme politique de gauche. Il a tenu à préciser qu'il n'était pas l'inventeur de SOS Racisme, laissant l'antériorité de cette naissance à Serge Malik.

J'observais cet homme qui trahissait une certaine gravité dans sa nouvelle naissance, dans ses liens amicaux qui l'attachaient au président François Hollande, dans son nouveau départ politique, dans son parachutage dans l'Essonne ou le Val-de-Marne, je ne sais pas exactement, et dans sa conviction « chevillée au corps » de sa nature d'homme de gauche.

Ce qui m'a évidemment renvoyé à ma différence, ou plus précisément à mes mesquineries, à mon absence de sens politique et surtout à mes interrogations sur ma sensibilité. Il n'y a pas d'erreur : aucune trace d'énergie en moi pour changer la société. Pas de nouveau slogan, pas d'implication sur l'ordre effrayant des choses. Aucun élan, aucun lyrisme. Petit individu qui n'adhère pas à l'idée fondatrice de la pensée socialiste : « Nous avons des choses à faire ensemble », opposé à la réussite personnelle antipathique et recentrée sur le petit noyau familial. Pas d'erreur, j'aurais tant aimé être de gauche, mais la difficulté pour y arriver me semble un peu au-dessus de mes forces.

Chapitre 3

FABRICE

Il aurait pu tourner à gauche. Il serait allé vers la Goutte-d'Or. On ne la méprise pas la Goutte-d'Or, mais on n'a pas envie d'y aller tout de suite. Pas tout de suite. Il a tourné à droite. C'était la fin d'après-midi. Je venais de monter avec ma mère dans l'autobus. Un bel autobus à plateforme, très Boris Vian, avec les attaches en cuir orange où les mains s'agrippent quand les pavés font trembler la machine. On était assis, je crois. Il fallait bien ça, pour un voyage dans la richesse et les beaux quartiers. Il est évident qu'il y a une perspective ascendante dans ce parcours du 80. Il part de la mairie du 18e. Ce n'est pas la misère encore, mais s'il avait tourné à gauche on y arrive quand même très vite à la misère et sans s'en rendre compte.

C'est à droite qu'il a tourné. Et ça a commencé la féerie. Rue Custine d'abord. Elle cache son jeu la Custine, la rue Custine. Elle est un peu rétrécie, elle est sombre, mais elle ouvre des perspectives, elle reste à son rang mais elle sait qu'elle va devenir la rue Caulaincourt. La rue Caulaincourt, elle est un peu complexée, c'est un peu l'avenue Victor-Hugo du pauvre, mais disons qu'elle prétend à quelque chose.

> Quand on arrive vers ces heures-là en haut du pont Caulaincourt on aperçoit au-delà du grand lac de nuit qui est sur le cimetière les premières lumières de Rancy, écrit Céline. C'est sur l'autre bord Rancy. Faut faire tout le tour pour y arriver. C'est si loin ! Alors, on dirait qu'on fait le tour de la nuit même, tellement il faut marcher [...].

Ce n'est pas gratos, cette description de Céline. Il nous emmène sur le pont comme au bord de l'océan. « On aperçoit [...] les premières lumières de Rancy. » On est comme sur un bateau avec le port au loin. « C'est sur l'autre bord Rancy. » Rancy, c'est Clichy. Le 80 donc passe là, le long du cimetière de Montmartre où les miens dorment.

L'autobus débouche sur la place Clichy. On croise le grand cinéma avec ses trois mille places. Elle est idiote la place Clichy. Elle est démoralisante. Elle est très bête. Mais c'est quand même là que tout a débuté. Au café Wepler. Bardamu, premières pages du *Voyage*. Arthur Ganate. « Ça

a débuté comme ça. Moi, j'avais jamais rien dit. »
Pour faire le malin, il rejoint un défilé de soldats
qui passe par là :

> Alors on a marché longtemps. [...] Et puis il
> s'est mis à y en avoir moins des patriotes... La
> pluie est tombée, et puis encore de moins en
> moins et puis plus du tout d'encouragements,
> plus un seul, sur la route. [...] J'allais m'en aller.
> Mais trop tard ! Ils avaient refermé la porte en
> douce derrière nous les civils. On était faits,
> comme des rats.

Il est fin le 80. S'il était le 30, il pourrait aller
directement à l'Étoile par le boulevard des Batignolles.
C'est pas le cas, il tourne à gauche, rue de Saint-
Pétersbourg. Il descend doucement vers l'apaisement de la bourgeoisie. Place de l'Europe, on sent
que ça y est. Fini la cacatouille, Haussmann a bossé.
Du très bon Haussmann. Du Haussmann triste,
sans hystérie, dépressif. Du Haussmann protestant,
quoi, mais du baron quand même. Autour de la
place de l'Europe, il suffit d'énumérer le nom des
rues pour comprendre que le monde s'élargit : rue
de Madrid, rue de Saint-Pétersbourg, rue de Rome,
rue de Budapest, rue de Moscou ! Il n'y a pas un
bistrot, pas un troquet, mais du mystère dans tous
les apparts. Ça change du reste de Paris et des
restaurants qui, aujourd'hui, poussent comme des
champignons. Tout le monde a l'air de s'en foutre,

mais devant l'industrialisation du restaurant à Paris on devrait quand même s'interroger ! Tous les mois il y a un nouvel endroit et on dirait que ce nouvel endroit produit une nouvelle clientèle ! On dirait que le bobo se reproduit en fonction du nouveau restaurant ! C'est fascinant. Place de l'Europe, pas de restau, ni de bobo.

C'est froid, triste mais il y a du lingot. C'est secret. On ne jouit pas, place de l'Europe. Ici, on ne rigole pas. Ici, on cache. On ne joue pas le 16e arrondissement. Quand on arrive là, avec Maman, on est comme Frédéric Lopez dans l'émission « Rendez-vous en terre inconnue ». Vous savez, cette émission fascinante où l'on voit les actrices se lier d'amitié avec certains Papous. Il paraît qu'à chaque fois c'est un triomphe. Très grosse audience. Énorme audience. Énorme audience Frédéric Lopez ! Ça peut monter à huit millions de gens. Huit millions de gens qui voient les riches qui voient des pauvres : c'est magnifique !

Place de l'Europe, donc, je ne sais plus comment je m'appelle. La rue de Miromesnil me semble bouleversante. Quartiers chics. Ça dégage, c'est large, c'est plein de perspectives. La bourgeoisie a l'immense arrogance d'être dans les lieux où tout est aéré. Il y a de l'arbre dans la bourgeoisie. Des feuilles et des branches. On est dans les cimes. « Là-haut, dit Nietzsche, il faut être apte au climat très puissant. » Ce qui est pathétique dans la bourgeoisie, c'est que ces sommets l'angoissent et comme ça la gêne terriblement, elle recrée du lien parce qu'il n'y a pas de bourgeois sans dîners et qu'il n'y a rien de plus accablant que des dîners où l'on vous demande si vous avez lu le dernier Houellebecq. J'arrive à Saint-Philippe-du-Roule, je ne comprends plus rien : c'est de l'hébreu ! Enfin, on s'arrête au rond-point des Champs-Élysées. Du monde fermé, celui de l'enfance et des angoisses, j'entre dans un autre.

3, avenue Matignon. Un bel immeuble années 1930. Grand escalier, des tapis. Des tapis incroyables. Si je pouvais aujourd'hui en tirer des moquettes, je le ferais. Je n'ai jamais eu d'aussi belles moquettes que celles de cet escalier. À l'étage, deux énormes orangers. On s'assoit. Une Alsacienne fait le ménage. On est à la fin de la journée. Ma mère parle, elle connaît le métier : c'est le même que le sien. Tôt le matin, elle part au *Figaro* pour nettoyer les bureaux. On est reçu par le patron. Il ressemble à Georges Brassens. C'est l'associé de Jacques Dessange. J'ai les cheveux un peu courts. On est obsédé par les Beatles, on n'a pas le droit d'avoir les cheveux longs et là le patron dit : « Il n'y a qu'une chose qu'ils doivent faire s'ils sont pris, les employés, c'est se laisser pousser les cheveux et certainement changer de prénom. » C'est même plus qu'un déclic que ça produit. Je fais un numéro sur ma motivation. Il me dit que Robert c'est trop populaire. Il ne doit pas connaître Robert de Saint-Loup. Je dis : « Jean-Octave ou Fabrice. – Va pour Fabrice. » J'invente n'importe quoi, j'explique que j'ai toujours rêvé d'être coiffeur, que c'est plus qu'une passion : une vocation ! Je deviens Fabrice.

Six jours plus tard, je suis en train de me doucher et j'entends Maman crier : « On est pris ! » Et là c'est le tourbillon. Les clientes aux jambes interminables qui se font épiler devant moi, les collègues homos qui veulent me faire entrer dans leur confrérie. Je fais attention à mes miches. Je porte des petits blazers de minets, des Weston que l'on s'achète avec des pourboires mirobolants. Les filles ont des cuissardes. La libido est du whisky et nous fait tourner la tête. Les coiffeuses se déloquent, les clientes se déloquent, Marlène Jobert se déloque… Dès que je peux me tirer sur la tige, je me précipite aux toilettes. Une oppression homosexuelle m'entoure. Un des plus grands coiffeurs, Bernard, comme il me voit lire Freud pour plaire à ma fiancée, dit : « La Luchina, faute de se meubler le derche, elle se meuble l'esprit ! »

Chez Lorca, nous sommes chez Guitry et chez Marivaux. Nous sommes le personnel. Il y a des voituriers. Les riches se pressent. Les coiffeurs sont des vedettes. Là-bas, je vois la fin de la bourgeoisie guitryenne. Une cliente aime débarquer en Bentley, la laisser au voiturier et arroser tout le monde. Une fascination. Cinq cents balles au shampoing, deux cents balles aux portiers. Des trucs colossaux de princes arabes. Mon métier consiste à mettre les voilettes. La mise en plis est sous la responsabilité de la patronne. Alors je dis : « Voulez-vous de la lecture ? » Et je m'approche quand on me demande : « Regardez si Mme Untel est prête. » Je regarde, je prends un air renseigné, je sors un petit rouleau, je le regarde comme un amateur de vin et je dis : « Il faut revenir sous le casque, ce n'est pas encore suffisamment sec. » La cliente en général opine : « Oui, attendons encore cinq minutes. » C'est une liturgie pas harassante et qui me plaît beaucoup. Plus que le cinéma où je commencerai par hasard bien des années plus tard.

Une des clientes, Mme Chantal Poupaud, avait appris que j'étais puceau. Elle m'en parle pendant la voilette et propose de m'aider dans cette initiation. Elle m'envoie à une chanteuse réaliste : Catherine Ribeiro. Laquelle me recommande à une amie. Cette dernière veut bien coucher avec moi. Elle doit avoir 30 ans et je suis un puceau sans qualité. Pourquoi moi ?

Il subsiste en vous toujours un petit peu de curiosité de réserve pour le côté du derrière, écrit Céline. On se dit qu'il ne vous apprendra plus rien le derrière, qu'on a plus une minute à perdre à son sujet, et puis on recommence encore une fois cependant rien que pour en avoir le cœur net qu'il est bien vide et on apprend tout de même quelque chose de neuf à son égard et ça suffit pour vous remettre en train d'optimisme.

Le côté du derrière avant le côté de chez Swann :

On se reprend, on pense plus clairement qu'avant, on se remet à espérer alors qu'on espé-rait plus du tout et fatalement on y retourne au derrière pour le même prix. En somme, toujours des découvertes dans un vagin pour tous les âges.

« Un vagin pour tous les âges ! » L'initiatrice est une pure beauté. « Venez me rejoindre », elle me dit. Je dois aller dans un hôtel des Champs-Élysées. Je pars comme un héros de Salinger. À l'hôtel, on me donne une lettre. « Mme Geneviève vous demande de la rejoindre au 127, boulevard Inkermann. » Je vais jusque-là. Je sonne. Un bonhomme m'ouvre la porte et me dit : « Je vous attendais. » Je lui dis que je dois voir Geneviève. Il me répond : « Elle va arriver. » Dans ce bel appartement, moulures, hauteur de plafond, volumes, il y a des portraits de Mao Tsé-Toung partout. Le bonhomme est grand, costaud, dominant. Je dois avoir l'air terrifié. Il commence à m'expliquer le marxisme. Nous déjeunons. Elle rentre et tout d'un coup, à la fin du déjeuner, sur la table, comme ça, il saute Geneviève. Devant moi, à l'horizontale, sur la table ! Elle quitte la pièce et lui me dit : « C'est ton tour. » Un peu tremblant, je rejoins la chambre, il se ramène avec un Caméscope, prêt à filmer. Je suis chez les dingues. J'ai le temps de la glisser, mais tout de suite après, comme un héros de Truffaut, je prends mes affaires et je m'enfuis…

Ma vie est une frénésie. J'alterne les Abbesses et les Champs-Élysées. Je suis emporté dans l'infinie perspective. Un soir je monte au pub Renault, Weston aux pieds : ce sont les illuminations. Impossible de venir à bout de toutes ces impressions. Des sourires, des poitrines, des visages, des verres, des groupes, la musique, la lumière : un vertige. Je peux tout recevoir. L'existence ouvre les portes. « La beauté n'est que la *promesse* du bonheur », disait Stendhal. « Des cafés tapageurs aux lustres éclatants », cette promesse est devant moi.

Paros, 1er août 2015

Première fois de ma vie dans une maison vraiment faite pour les gens du CAC 40. Révélation banale de l'éblouissement de ce pays, donc de la Grèce. Les îles. L'éblouissement du bleu. « Elle est retrouvée ! / Quoi ? L'Éternité. / C'est la mer allée / Avec le soleil. » Et pourtant ce n'est pas ça qui pourrait préciser la sensation spécifique. On pourrait tenter plein de choses, au fond, c'est une question de vent. Comme si l'air harmonisait tous les éléments. Les bleus sont réunis ? Pas fameux... Je vais travailler sur Céline.

Ah, si ! On peut dire le scooter. Le concept du scooter. La révélation grecque par la force du scooter. Grâce à lui, on s'insinue, jamais coupé, on fusionne. On est rempli d'air, d'images, de vent, de puissances évocatrices. Pas d'erreur. C'est par le scooter que s'est imposée la beauté grecque. Comme disait Rimbaud : « Si j'ai du goût, ce n'est guère / que pour la terre et les pierres. / Je déjeune toujours d'air, / de roc, de charbon, de fer. »

Allons-y, je passe à Céline.

Chapitre 4

La tante à Bébert

J'ai dit des milliers de fois Céline sur scène. Une fois dans ma loge, ou au restaurant après le spectacle, reviennent le plus souvent les mêmes indignations, les mêmes enthousiasmes, les mêmes paradoxes. Soit on vous dit qu'il est un génie, soit que c'est un salaud. Soit que c'est un salaud génial, ou alors un monstre prodigieux.

On peut aussi s'accrocher aux considérations des écrivains sur son œuvre. Ce n'est quand même pas rien. Simone de Beauvoir : « Son anarchisme nous semblait proche du nôtre. » Malraux : « Un pauvre type et un grand écrivain. » Gide : « Ce n'est pas la réalité que peint Céline. C'est l'hallucination que la réalité provoque. » Giono : « Très intéressant, mais de parti pris. Et artificiel. Si Céline avait vraiment pensé ce qu'il écrit, il se serait suicidé. » Lévi-Strauss : « Proust et Céline : voilà tout mon bonheur inépuisable de lecteur. » Jack Kerouac : « Un écrivain de grand charme, d'un charme et d'une intelligence suprême que personne n'a pu égaler. » On évoque les condamnations historiques : un antisémite monstrueux, un collaborateur de la pire espèce. Tout cela est vrai. Morales : un nihiliste, un comédien, un pervers. Tout n'est pas faux. Littéraires : un écrivain surévalué. Un faiseur. À voir.

Avec Céline, les réactions émotionnelles l'emportent toujours et l'on ne sait pas plus à la fin de la conversation de quoi il est question.

La critique la plus stimulante m'est venue de gens conséquents, certifiés, bienveillants qui auraient aimé partager mon enthousiasme. « La petite musique », ils disent l'avoir entendue. La puissance d'évocation ne leur a pas échappé à l'écoute de l'arrivée à New York :

> Pour une surprise, c'en fut une. À travers la brume, c'était tellement étonnant ce qu'on découvrait soudain que nous nous refusâmes d'abord à y croire et puis tout de même quand nous fûmes en plein devant les choses, tout galérien qu'on était on s'est mis à bien rigoler, en voyant ça, droit devant nous...
> Figurez-vous qu'elle était debout leur ville, absolument droite. New York c'est une ville debout. On en avait déjà vu nous des villes bien sûr, et des belles encore, et des ports et des fameux même. Mais chez nous, n'est-ce pas, elles

sont couchées les villes, au bord de la mer ou sur les fleuves, elles s'allongent sur le paysage, elles attendent le voyageur, tandis que celle-là l'Américaine, elle ne se pâmait pas, non, elle se tenait bien raide, là, pas baisante du tout, raide à faire peur.

Ils ont classé Céline dans la catégorie des romanciers populaires, noirs, ingénieux peut-être mais un grand poète, non, il ne faut quand même pas exagérer ! Une phrase, une seule nous sépare. Elle me hante depuis des décennies parce qu'elle concentre en elle tout le génie de l'écrivain. Elle leur apparaît quelconque. Ils trouvent même que je dramatise. C'est une phrase du *Voyage*, l'installation du docteur Destouches en banlieue. « La tante à Bébert rentrait des commissions. »

« La tante à Bébert rentrait des commissions. » De quelle musique on parle ? De quelle émotion ? « La tante à Bébert rentrait des commissions » : on ne voit rien. Le style de Céline n'est pas repérable. C'est la spécificité et la nature singulière de sa drague. Roland Barthes décrit l'espace de séduction entre l'écrit et le lecteur. Celui de Céline est très particulier. On l'a appelé le « métro émotionnel ». Mais d'où vient cette émotion ? Est-ce ce balancement continuel entre l'anecdotique et l'universel, le minimalisme absolu et la métaphysique ?

Pour bien comprendre, il faut rappeler à quel moment arrive ce petit tableau : « La tante à Bébert rentrait des commissions. » Le médecin sort d'un avortement. Une scène épouvantable. La fille est en sang, la mère gueule. Le narrateur observe la présence du père et à travers lui Céline photographie de manière définitive la condition masculine :

> Dans la petite salle à manger d'à côté, nous apercevions le père qui allait de long en large. Lui ne devait pas avoir son attitude prête encore pour la circonstance. Peut-être attendait-il que les événements se précisassent avant de se choisir un maintien. Il demeurait dans des sortes de limbes. Les êtres vont d'une comédie vers une autre. Entre-temps la pièce n'est pas montée, ils n'en discernent pas encore les contours, leur rôle propice, alors ils restent là, les bras ballants, devant l'événement, les instincts repliés comme un parapluie, branlochants d'incohérence, réduits à eux-mêmes, c'est-à-dire à rien. Vaches sans train.

Bardamu, le héros, sort de cette scène d'une profondeur inouïe et il croise Bébert. Une rencontre anodine (un gosse dans la rue) qui provoque une profonde méditation. Voici ce qu'il dit au sujet de cet enfant :

> Sur sa face livide dansotait cet infini petit sourire d'affection pure que je n'ai jamais pu oublier. Une gaieté pour l'univers.

En sortant de l'horreur et de la mort, c'est un espoir qu'il définit :

Peu d'êtres en ont encore un petit peu après les vingt ans passés de cette affection facile, celle des bêtes.

« Peu d'êtres en ont encore un peu » : c'est fabuleux. Dans ce « peu » est récolté l'infini qui est apparu quelques secondes avant dans le sourire de Bébert. « Peu d'êtres en ont encore un peu. » Une phrase banale mais nourrie, animée au sens propre : une âme y flotte. « Peu d'êtres en ont encore un peu. » C'est organique. Il y a tout. Il minimise pour que ça devienne un sac lourd. Il ne prend même pas la peine de nous dire ce que les êtres n'ont plus à 20 ans passés.

Reprenons. On croise un enfant. Un sourire infini. Ça pourrait presque friser la grandiloquence. Le gosse, la face livide, qui sourit comme un ange, c'est beau mais d'autres écrivains – Charles Dickens, Alphonse Daudet – en ont décrit avant lui. Mais Céline ne s'arrête pas là, il nous emmène autre part. À notre condition d'adulte. Par le négatif et le minimalisme. « Peu d'êtres en ont encore un peu. » Il s'approche de la puissance de l'émotion directe. Par l'oralité, il nous fait éprouver la largeur du contexte qu'il a commencé à finaliser. « *Peu* d'êtres en ont encore un *peu*. »

Il y a deux « peu ». Il aime répéter ces mots très communs. « Peu », « quelque » : « Il m'aurait intéressé de savoir si elle pensait quelquefois à quelque chose », écrit-il ailleurs dans le *Voyage*.

Donc, l'avortement, le père qui ne sait pas comment se comporter, la mère qui hurle, un gosse blafard qui sourit comme on ne sait plus le faire, une considération philosophique sur la nature humaine et voilà enfin l'événement considérable : « La tante à Bébert rentrait des commissions. »

Avec ses commissions à la main, avec son cabas, la tante à Bébert balaye la possibilité d'une grandiloquence affirmative. Elle écarte le récit du populisme. On est dans la conversation de bistrot où les choses les plus anodines succèdent aux propos les plus graves. Et Céline invente le gros plan en littérature. On quitte les considérations morales, et tout d'un coup, la caméra s'approche, en gros plan.

« La tante à Bébert rentrait des commissions. » Au fond, c'est un événement. Pourquoi ce ne serait pas un événement ? Faut-il qu'ils soient très chics ces gens pour que ce ne soit pas un événement ? Le CAC 40 s'en fout mais est-ce moins intéressant que « La marquise sortit à cinq heures » ? Céline n'aime pas les pauvres, mais il leur rend leurs lettres de noblesse. Il ne les excuse pas, il ne les aime pas, il se contente de les restituer tels qu'ils sont dans leur petite vie. Encore une fois, c'est dans une conversation orale qu'il nous les raconte. « La tante à Bébert rentrait des commissions. » Sept mots pour un croquis en mouvement. Céline a pris cela à Victor Hugo, capable de créer la tension en écrivant : « Un homme entra... c'était Javert. » Il applique à la lettre la consigne de Flaubert : ne pas s'écrire ! « Surtout, ne pas s'écrire ! » Céline ne s'écrit pas. Sa littérature ne sent pas l'homme du 7e arrondissement qui raconte ses impressions. Ce n'est pas bourgeois. Il est cinglé, haineux parfois, mais jamais bourgeois.

« Elle avait déjà pris le petit verre », il continue. Longtemps j'ai remplacé « pris » par « bu ». « Elle avait déjà bu le petit verre. » C'est beaucoup moins bien. « Elle avait déjà pris le petit verre. » C'est un autre événement presque à la Rimbaud. Une illumination dont l'objet est le désastre. « Il faut bien dire également qu'elle reniflait un peu l'éther. » Dans le « il faut bien », il y a toute sa perversion efficace, comme si on l'obligeait à préciser une caractéristique de cette femme monstrueuse. « Habitude contractée alors qu'elle servait chez un médecin et qu'elle avait eu si mal aux dents de sagesse. » C'est le toubib qui parle :

> Il ne lui en restait plus que deux des dents par-devant, mais elle ne manquait jamais de les brosser. « Quand on est comme moi et qu'on a servi chez un médecin, on connaît l'hygiène. »

Tout l'humour et la méchanceté de Céline en quelques mots. Il se conduit comme un chirurgien. Il dissèque sans jamais abandonner le bout de barbaque qu'il tient entre ses pinces. Il construit son portrait par une succession prodigieuse de détails pris sur le vif. Un autre se serait perdu dans les considérations sur la misère de la tante à Bébert, sa solitude et sa vieillesse. Céline ne s'attache qu'au concret. Il termine en élargissant l'horizon de cette banlieue, abandonnant le gros plan pour un plan large :

> Elle donnait des consultations médicales dans le voisinage et même assez loin jusque sur Bezons.

Il nomme la banlieue, montre des endroits rarement singularisés jusque-là. Tout est habité. Céline jette un regard d'amour sur ce qui, avant lui, était perdu et pas même nommé. Ça n'est jamais solennel. Jamais universitaire. Il touche plus qu'aucun autre au tragique de la condition humaine et on a l'impression qu'il nous parle comme on le fait à un comptoir ou à une terrasse de café. C'est ça, la fameuse émotion de la langue parlée jaillissant dans la langue écrite. Il y parvient par l'alternance, le balancement. Il fait de la dentelle autour du concept comme sa Maman le faisait avec le fil de soie. Une fois la phrase complètement lestée de petits cailloux, il tient une charge énorme. Mais, plutôt que de la montrer glorieusement, il la fait apparaître avec quelques mots banals, des moyens faussement simples. C'est avec une langue apparemment parlée qu'il envoie le paquet.

Par l'insignifiant, il nous donne accès à l'universel. Il alterne de manière incroyablement systématique un détail du réel et une chanson métaphysique. C'est en ça que *Voyage au bout de la nuit* est une symphonie littéraire plus qu'un roman. Tout comme, en réalité, Céline est sans doute aussi le plus grand cinéaste du XXe siècle.

Je dois reconnaître que la première fois que j'ai eu entre les mains *Voyage au bout de la nuit*, le roman, la symphonie, la poésie m'étaient absolument étrangers. J'avais 17 ans, j'étais encore un petit coiffeur qui avait quitté l'école à quatorze. J'avais peu lu : *L'Attrape-cœurs* de Salinger, quelques livres de Freud, auxquels je n'avais pas compris grand-chose, un petit peu de Nietzsche. Je fréquentais un groupe d'intellectuels marginaux, du côté du quartier des Abbesses. Ils lisaient

Artaud et Céline. L'un d'entre eux s'appelait Patrick-Jojo. Il était formidablement poétique. Je le croise un soir à Montmartre. La nuit était tombée. Comme un contrebandier il me met un livre entre les mains en me disant : « Tiens. Tu verras. » Sur la couverture vert et noir un personnage, vêtu de blanc, avance comme un somnambule. On peut lire « Louis-Ferdinand Céline, *Voyage au bout de la nuit* ». Je le retourne et vois sur la quatrième de couverture : « L'un des cris les plus farouches, les plus insoutenables que l'homme ait jamais poussé. » Signé : Gaëtan Picon. Je l'ouvre et un premier paragraphe me tombe sous les yeux :

> J'avais écrit enfin à ma mère. Elle était heureuse de me retrouver ma mère, et pleurnichait comme une chienne à laquelle on a rendu enfin son petit. Elle croyait aussi sans doute m'aider beaucoup en m'embrassant, mais elle demeurait cependant inférieure à la chienne parce qu'elle croyait aux mots qu'on lui disait pour m'enlever. La chienne au moins, ne croit que ce qu'elle sent. [...]
>
> Ma mère me reconduisait à l'hôpital en pleurnichant, elle acceptait l'accident de ma mort, non seulement elle consentait, mais elle se demandait si j'avais autant de résignation qu'elle-même. Elle croyait à la fatalité autant qu'au beau mètre des Arts et Métiers, dont elle m'avait toujours parlé avec respect, parce qu'elle avait appris

étant jeune, que celui dont elle se servait dans son commerce de mercerie était la copie scrupuleuse de ce superbe étalon officiel.

[...] Quand il nous restait du temps avant la rentrée du soir, nous allions les regarder avec ma mère, ces drôles de paysans s'acharner à fouiller avec du fer cette chose molle et grenue qu'est la terre, où on met à pourrir les morts et d'où vient le pain quand même.

J'ai eu le sentiment de faire, à cette première lecture, une découverte saisissante. Ça a été le début d'une histoire d'amour et je me suis mis, sans projet préconçu, à apprendre par cœur des passages entiers de ce livre.

Beaucoup plus tard, en 1985, Jean-Louis Barrault et Madeleine Renaud m'ont demandé d'interpréter des textes de Céline sur scène. L'idée était d'organiser une rencontre d'une heure entre un comédien et un auteur. J'étais effrayé par l'idée de soumettre la musicalité parfaite de Céline à l'interprétation réductrice, caractérielle, psychologique d'un acteur. Il fallait s'imposer un effort de transparence qui me semblait insurmontable. Ils m'ont incité à essayer au moins pendant une semaine. Le succès a été tel que j'ai joué plus de mille fois ce premier spectacle. J'avais commencé par les chapitres du *Voyage* sur la banlieue. Dix ans plus tard, j'ai repris le même principe avec le séjour de Bardamu en Amérique, l'arrivée à New York, ainsi qu'avec quelques passages de *Mort à crédit*, notamment la mort de la concierge. Une des plus belles pages qui aient jamais été écrites :

> Nous voici encore seuls. Tout cela est si lent, si lourd, si triste… Bientôt, je serai vieux. Et ce sera enfin fini. Il est venu tant de monde dans ma chambre. Ils ont dit des choses. Ils ne m'ont pas dit grand-chose.

Au total, depuis vingt-cinq ans, j'ai joué près de deux mille cinq cents fois ces textes, devant parfois des salles de mille cinq cents personnes, de la petite ville de province française jusqu'au Québec. En trente années de travail, j'ai eu la chance d'avoir l'occasion d'approfondir l'affinité qui m'avait d'emblée attaché à lui. J'ai mis bien des années pour tenter de reproduire au plus près son rythme, son phrasé. C'est une recherche constante. Le métier – qu'on acquiert en travaillant les classiques, Molière, La Fontaine – consiste à s'approprier le texte pour se rendre capable de le restituer dans la plus grande impersonnalité possible.

La difficulté, avec Céline, c'est de ne pas céder à la tentation de le surjouer, de ne pas l'oraliser, précisément. S'en tenir à sa langue écrite. Ne pas plaquer sur lui une gouaille surfaite. Il n'y a rien de moins célinien que la gouaille populaire. Céline n'est pas Michel Audiard. Audiard, sans doute, lui doit beaucoup ; mais Céline, c'est autre chose : c'est à la fois Rabelais, Shakespeare et Madame de Sévigné.

Le risque du contresens est d'autant plus fort que sa postérité a été immense, qu'il a influencé aussi bien Canal + et *Libération* – pour la dérision – que Sartre – dans *Les Chemins de la liberté* et même dans *Les Mots* – ou Philippe Muray – pour la critique de la modernité –, ou encore Roger Nimier – pour la désinvolture –, que les romanciers populistes – pour l'emploi de l'argot.

Nous parlons tous la langue de Céline. Les « rebelles » de la télévision font du Céline sans le savoir. L'erreur serait de le réduire à ces imitations, dont quelques-unes sont dérisoires.

On ne demande pas à l'acteur d'être génial : on lui demande seulement de travailler en légèreté pour ne pas gâcher l'effet et la puissance de la phrase. La langue de Céline est d'elle-même suffisamment efficace. Je ne l'augmente pas, je ne la surcharge pas. Depuis vingt-cinq ans, j'essaie seulement de ne pas en éteindre la magie.

Y suis-je parvenu ? Un jour, Lucette Destouches, sa dernière épouse, celle qui vit encore à Meudon, a dit retrouver, quand je lisais Céline, la voix de son mari qui la réveillait la nuit pour lui lire des passages de ses livres. Elle l'a même écrit dans *Céline secret*.

Ce qu'il faut bien comprendre c'est que, même pour un tel génie, comme le dit Barthes, il n'y a pas de génération spontanée. Avec une certaine prétention, Céline fait lui-même sa généalogie littéraire. François Villon est à ses yeux un bon poète ; il a de l'admiration pour Rabelais ; Proust lui apparaît comme un sacré styliste, mais il est un peu long : « Trois cents pages pour nous faire comprendre que Tutur encule Tatave, c'est trop. » Le grand écrivain, c'est, pour lui, La Fontaine. « La Fontaine, c'est fin, c'est ça, et c'est tout. C'est final. »

> Un chat, nommé Rodilardus,
> Faisait de rats telle déconfiture
> Que l'on n'en voyait presque plus,
> Tant il en avait mis dedans la sépulture.
> Le peu qu'il en restait, n'osant quitter son trou,
> Ne trouvait à manger que le quart de son sou ;
> Et Rodilard passait, chez la gent misérable,
> Non pour un chat, mais pour un diable.

On n'est pas dans la littérature : on est dans la vie. Céline, comme La Fontaine, comme Villon, comme Rabelais, comme Rimbaud, fait entrer la vie dans la littérature. Certains critiques poussifs le considèrent comme un simple aboyeur. Les pauvres : ils n'y ont rien compris. Ils ont vu un concert de trompettes là où se manifestait un génie de la douceur sans pareil.

> Hier à huit heures Madame Bérenge, la concierge, est morte. Une grande tempête s'élève de la nuit. Tout en haut, où nous sommes, la maison tremble. C'était une douce et gentille fidèle amie. Demain on l'enterre rue des Saules. Elle était vraiment vieille, tout au bout de la vieillesse.

Céline se considère en réalité très au-dessus de Proust ; Proust a le génie de la nuance, de l'acuité psychologique. Il a l'art de décrire la grimace sociale, il excelle à reproduire la démarche des gens du monde. Au milieu du *Voyage*, alors que nous sommes à La Garenne-Rancy, Céline signe quelques lignes prodigieuses et cruelles sur son rival :

> Proust, mi-revenant lui-même, s'est perdu avec une extraordinaire ténacité dans l'infinie, la diluante futilité des rites et démarches qui s'entortillent autour des gens du monde, gens du vide, fantômes de désirs, partouzards indécis attendant leur Watteau toujours, chercheurs sans entrain d'improbables Cythères.

Cinq lignes de critique littéraire éblouissantes. « Proust, mi-revenant lui-même », on voit l'écrivain insomniaque, en robe de chambre, en proie

63

à l'angoisse et aux rêveries. « Gens du vide. » « Gens du vide », avec toute sa férocité, Céline le prolo ramasse le faubourg Saint-Germain en une formule. « Fantômes de désirs », ce sont les nuances infinies des sentiments de l'auteur de la *Recherche*, les intermittences du cœur. « Partouzards indécis. » « Partouzards indécis ! » Là on atteint le génie pur. « Partouzards indécis ! » Le moins indécis des êtres, c'est quand même le partouzard. Il ouvre la porte du club privé, il se déloque, il vient avec une idée bien précise en tête : c'est jamais indécis un partouzard ! C'est même très décidé un partouzard. Quand on va à une partouze, c'est qu'on sait ce qu'on veut !

En quelques lignes, Céline montre qu'il n'est pas un écrivain de la psyché mais un écrivain du dehors.

> Je m'intéresse peu aux hommes à leur opinion et même pas du tout... c'est leur trognon qui m'intéresse, pas ce qu'ils disent mais ce qu'ils sont... la chose – l'homme en soi... presque toujours le contraire de ce qu'ils racontent. C'est là que je trouve ma musique... dans les êtres... mais malgré eux et pas dans l'angle qu'ils me présentent – Je les viole... en toute gentillesse bien sûr mais sans pitié...

En désarticulant la langue, il l'a libérée pour coller au concret et, par là, à la poésie de la vie.

C'est ce qui lui donne cette légèreté singulière. Et son humour, concret lui aussi :

Je suis tout à fait français, écrit-il dans sa correspondance, en ce sens que ces infinies variantes autour du bien banal *instinct de la reproduction* m'ont toujours semblé de parfaites farces. J'ai vécu dans Priape toute ma vie, soit maquereau, soit médecin et toujours à la rigolade ! Le tragique du cul ne m'apparaît point sauf pour les *maladies* et les *grossesses* – mais pour le reste, je lui donne comme Lénine l'importance d'un « très précieux stimulant biologique ». Rien de plus. Rien de moins Dépourvu de toute jalousie, donjuanisme, sadisme, etc., je n'ai jamais eu d'enthousiasme que pour la beauté des formes, la fluidité, la jeunesse, la grâce, la fraîcheur. Je suis très athénien dans ce sens – Mais la littérature autour ? Quelle merde ennuyeuse !

Santé, vivacité, surprise, danse, et toutes les combinaisons possibles. En bref je suis cochon ! Et je consomme peu hélas, concentré comme je suis sur mon terrible boulot si sérieux – *malgré moi*, scrupuleux – féroce à ma tâche. J'ai toujours aimé que les femmes soient belles et lesbiennes. Bien agréables à regarder et ne me fatiguant point de leurs appels sexuels ! Qu'elles se régalent, se broutent, se dévorent, moi voyeur. Cela me chaut ! et parfaitement ! et depuis toujours ! Voyeur certes et enthousiaste consommateur un petit peu mais bien discret.

Revient alors la question obsédante. Comment un tel génie a pu être traversé par la passion la plus morbide, la plus absurde, la plus criminelle qui soit ? Comment une telle intelligence a-t-elle pu céder ainsi à la bêtise destructrice ? Comment associer tant de finesse, de délicatesse aux délires macabres et dégradants des pamphlets ? Mon psychanalyste, un jour, m'a aidé à percer le secret de l'antisémitisme de Céline. Il le reliait à son immense orgueil : « Comme il voulait être le seul véritable écrivain de son siècle, m'a-t-il expliqué, il voulait être le seul juif. »

S'il n'est pas le seul écrivain de son siècle, il le surplombe. Pourquoi ? Il a su déjouer les conventions des plumitifs, en restituant l'émotion de la langue parlée dans le langage écrit. Et il y est parvenu : c'est un événement colossal. Nietzsche dit : « Un jour s'attachera à mon nom le souvenir de quelque chose de formidable. » Céline réalise cette prédiction en pulvérisant la langue des littéraires pour imposer sa poésie. Il écrit lui-même à Gaston Gallimard, lors de l'envoi du manuscrit du *Voyage* : « Voilà du pain pour un siècle entier de littérature. » Il a compris que la langue écrite détruisait l'émotion, comme l'avait senti avant lui Paul Valéry quand il avait écrit cette phrase magnifique :

Longtemps, longtemps la voix humaine fut base et condition de la littérature. La présence de la voix explique la littérature première, d'où la langue classique prit forme, cet admirable tempérament. [...] Un jour vint où l'on sut lire des yeux sans entendre, sans épeler, et la littérature en fut tout altérée.

Céline n'a qu'un souci : aller au nerf, mettre sa peau sur la table ; il s'interdit toute introspection pour atteindre à un immense lyrisme cinématographique. Il parvient à traduire la poésie des choses dans le langage de la rue :

> J'ai pris sur ma droite une autre rue, mieux éclairée, « Broadway » qu'elle s'appelait. Le nom je l'ai lu sur une plaque. Bien au-dessus des derniers étages, en haut, restait du jour avec des mouettes et des morceaux du ciel. Nous on avançait dans la lueur d'en bas [...].

Céline n'est pas un écrivain de plus. Il n'appartient pas à la bande littéraire. Et pourtant il a inventé une forme nouvelle de littérature. Il a découvert bien avant Duras la force poétique de la répétition. « Des années ont passé depuis ce départ et puis des années encore... » Céline reprend le même mot, de façon incantatoire, il le prolonge sans but. « Il y en avait des patriotes ! Et puis il s'est mis à y en avoir moins des patriotes... » Il appartient au petit nombre de ceux dont la manière a provoqué un séisme dans l'histoire des lettres.

Il est au cœur de mon dernier spectacle, *Poésie ?*. Le point de rencontre entre les vers et la prose. On n'a rien dit tant qu'on n'a pas compris qu'il fut d'abord un immense poète, d'une dimension véritablement prophétique. Il renouvelle la manière dont une phrase est construite à tel point que l'on reconnaît d'emblée sa musique. Qu'elle ne ressemble à aucune autre. Voyez la familiarité, le naturel absolu du portrait du toubib de *Mort à crédit* :

> Gustin Sabayot, sans lui faire de tort, je peux bien répéter quand même qu'il s'arrachait pas les cheveux à propos des diagnostics. C'est sur les nuages qu'il s'orientait.
>
> En quittant de chez lui il regardait d'abord tout en haut : « Ferdinand, qu'il me faisait, aujourd'hui ça sera sûrement des rhumatismes ! [...] » Il lisait tout ça dans le ciel. [...]
>
> Si c'est moi qui commandais, je ferais les ordonnances dans mon lit !... [...] Ils vomiront pas davantage, ils seront pas moins jaunes, ni moins rouges, ni moins pâles, ni moins cons...

D'autres fois, sa langue atteint au contraire à une sophistication, une préciosité inouïes. Ainsi de sa description du bordel de Detroit :

> Il me fallait, le soir venu, les promiscuités érotiques de ces splendides accueillantes pour me refaire une âme. Le cinéma ne me suffisait plus,

68

antidote bénin, sans effet réel contre l'atrocité matérielle de l'usine. Il fallait recourir, pour durer encore, aux grands toniques débraillés, aux drastiques vitaux.

Tout est dans le contraste. Quand on lit les autres, à côté, on s'aperçoit qu'il a accompli quelque chose qui s'apparente à une révolution.

Nihiliste, Céline ? En vérité, sur l'homme, il ment tout le temps. Mais il ment pour arriver à la vérité. Non pas la vérité de l'anecdote, mais la vérité profonde qui se cache derrière les apparences. Il hait ce qu'il appelle le « sentimentalisme bidet ». Il le trouve obscène. Il déteste la joie. En prison, ça a de la tenue, mais la fête à Neu-Neu le fait frémir. L'homme est pour lui une pourriture habitée par un rêve. Il n'est pas optimiste. Il n'aime pas la nature humaine. L'humanité qu'il peint est généralement ignoble. Sa tendance à noircir tient parfois du système. Mais le génie de sa langue n'en parvient pas moins à rendre lumineuse jusqu'à l'expression de son ressentiment. La verdeur de son style vient mettre de la lumière dans la noirceur de ses tableaux. Je le disais plus haut, il faut le répéter : en étant dur avec les pauvres, en faisant part de sa découverte, qui est que les pauvres ne valent au fond pas mieux que les riches, il leur redonne une dignité bien plus grande que ceux qui se penchent sur eux avec compassion. Il ne les domine pas de sa pitié :

> L'été aussi tout sentait fort. Il n'y avait plus d'air dans la cour, rien que des odeurs. C'est celle du chou-fleur qui l'emporte et facilement sur toutes les autres. Un chou-fleur vaut dix cabinets, même s'ils débordent. C'est entendu. Ceux du deuxième débordaient souvent. La concierge du 8, la mère Cézanne, arrivait alors avec son jonc trifouilleur. Je l'observais à s'escrimer. C'est comme ça que nous finîmes par avoir des conversations.

Un humaniste se serait lamenté sur la dureté de la condition de la pauvre concierge. Lui préfère imaginer que le spectacle de ses efforts pour déboucher les cabinets l'a amené à lier la conversation avec elle. C'est comme cela qu'il manifeste son respect pour les pauvres. Ses romans ne sont pas exempts non plus de moments de grande tendresse. Seulement il la réserve aux animaux et aux enfants.

> Tant qu'il faut aimer quelque chose, on risque moins avec les enfants qu'avec les hommes, on a au moins l'excuse d'espérer qu'ils seront moins carnes que nous autres plus tard. On ne savait pas.

Et n'oublions pas ce moment sublime où Bardamu découvre que le sergent Alcide, qui fait trimer les Noirs aux colonies, a accepté de vivre dans cet enfer pour envoyer toutes ses économies à un enfant qui ne lui est presque rien :

> Je finis par me relever pour bien regarder ses traits à la lumière. Il dormait comme tout le monde. Il avait l'air bien ordinaire. Ça serait pourtant pas si bête s'il y avait quelque chose pour distinguer les bons des méchants.

Le *Voyage* est un roman dont, pour reprendre l'expression de sa lettre à Gaston Gallimard, « l'amour ne sort pas indemne ». Ça n'interdit pas la sincérité ni l'émotion, comme dans la scène des adieux à Molly, qui est à tirer des larmes :

> Bonne, admirable Molly, je veux si elle peut encore me lire, d'un endroit que je ne connais pas, qu'elle sache bien que je n'ai pas changé pour elle, que je l'aime encore et toujours, à ma manière, qu'elle peut venir ici quand elle voudra partager mon pain et ma furtive destinée. Si elle n'est plus belle, eh bien tant pis ! Nous nous arrangerons. J'ai gardé tant de beauté d'elle en moi, si vivace, si chaude que j'en ai bien pour tous les deux et pour au moins vingt ans encore, le temps d'en finir.

En la quittant absurdement sans cesser de l'aimer, Bardamu montre au fond qu'il ne veut pas être heureux. Céline manifeste à travers lui son refus d'un bonheur bourgeois qui lui aurait coupé les ailes. Il décrit en même temps dans toute sa cruauté la relation amoureuse, en montrant l'incapacité à aimer de l'homme moderne, l'égoïsme qui est au fond de son romantisme un peu niais. Il nous donne surtout la clé de son œuvre avec cette phrase qui est peut-être l'une des plus belles et des plus émouvantes de son roman :

> C'est peut-être ça qu'on cherche à travers la vie, rien que cela, le plus grand chagrin possible pour devenir soi-même avant de mourir.

Le grand paradoxe est que ce véritable monstre d'orgueil et de méchanceté a une suraffectivité pour tout ce qui vit.

« La tante à Bébert rentrait des commissions... » Rien de ce qui est vivant ne lui fut étranger.

Paros, 3 août 2015, 21 heures
Chants grégoriens

La mer, ça se termine. Rien à dire que le scooter, le scooter, le scooter. Toute l'île. Je pourrais faire un journal à la Cioran, je ne sais pas, par exemple : « Déjeuner, 3 août, chez les Orban, invité par Sylvain Lindon. Stéphane Bern. » Ou encore, en plein déjeuner dans une maison délicieuse, face à la mer, au ciel, etc. Quelqu'un a dit en parlant de Philippe Muray : « Ce que dit cet auteur est vraiment frappé au coin du bon sens. » Ça personnalise, ça aère, on est toujours content dans un lieu de pouvoir s'accrocher à des choses du réel. Comme si la nomination était suffisante, immédiatement, on voit quelqu'un. Déjeuner chez les Orban. Ah ! ça fait homme de lettres, ça a de la gueule. Déjeuner chez les Orban, à Paros. Cette île remplie de bleu. Alphonse Allais dit, en parlant d'Honfleur, cette phrase somptueuse : « Honfleur : autant d'eau pour une ville si petite. » Je tenterais très modestement : « Paros, tellement de bleu pour une île si petite. » OK, il vaut mieux que je parle des grands écrivains.

Chapitre 5

ÉCOUTE MON AMI...

Quand je suis entré pour la première fois dans le cours de théâtre de Jean-Laurent Cochet, j'avais une vingtaine d'années. Il s'est passé une chose simple et en même temps miraculeuse. Une chose qu'on pourrait appeler une révélation quasiment claudélienne : la découverte du Répertoire ! Sa proximité et sa dimension inaccessible. Ou pour le dire autrement, la sensation qu'un immense travail m'attendait et que mon ego, mon intelligence, mon intuition, mes dons, ces vertus que l'on pourrait appeler bêtement « la personnalité », ne seraient pas la première chose à alerter. Il me faudrait plutôt essayer d'atteindre une science, le mot est prétentieux et excessif peut-être, mais disons un sens, une intuition de la partition classique. Ce moment immense, assez proche de la foi, et que le professeur Jean-Laurent

Cochet, traversé lui aussi par la locomotive immortelle de Jouvet, m'a transmis.

J'avais lu seulement quelques livres – Nietzsche, *L'Attrape-cœurs*, *Voyage au bout de la nuit*. J'avais fait un film avec Philippe Labro (*Tout peut arriver*) dans lequel j'essayais de danser comme James Brown – je dis bien essayais – dans une boîte de nuit d'Angoulême, Weston aux pieds, blazer...

J'ai alors entendu Molière pour la première fois. Cochet était entouré de ses élèves. Ce premier jour, ils travaillaient sur la première scène de l'acte I du *Misanthrope*. Alceste et Philinte. Ça n'a l'air de rien, mais cette confrontation amicale scénarise les deux points de vue les plus radicaux du comportement dans l'existence. Alceste, Philinte. On l'a tellement entendu que cette habitude nous sépare de l'échange de ces deux amis. Contrairement à l'idée moderne, Philinte fonde le principe de l'intelligence adaptée et Alceste celui d'une vitalité intempestive, ridicule, pathétique qui, pendant des années, a été l'exemple du révolté. La grande trouvaille de Jouvet, c'est qu'Alceste et Philinte, ce sont deux amis. Deux amis. L'un est plus intelligent que l'autre. Alceste pense que la foi amoureuse va faire plier le réel à son propre désir. Philinte n'a plus ses illusions. Pourquoi ça nous passionne ?

Qu'est-ce qu'il y a d'éternellement présent dans cet échange rabâché, usé, amoindri par l'expérience scolaire ? Qu'est-ce qu'il y a de vivant dans cet échange ?

Moi-même, je ne cesse de me plaindre des gens, de leur brutalité, du bruit qu'ils font, de leur indifférence aux autres : je suis Alceste. Je suis exaspéré par les gens qui ont des voitures aux vitres teintées, par exemple : ils se prennent tous pour John Lennon, alors qu'ils ont des vies d'une vacuité misérable. Imaginons Alceste devant le portable. Qui dira, enfin, la barbarie du portable ?

Il suffit d'entrer dans un TGV pour mesurer ce que dit mon ami Claude Arnaud : l'obsession de la communication incessante, générale, mondialisée, se résume avec le monde entier mais surtout pas avec son voisin. Surtout aucun contact avec l'autre, surtout pas. Des millions d'amis mais surtout pas la disponibilité au sourire de l'autre. Ceci étant dit, cela facilite la pensée nietzschéenne : « Que le prochain, hélas, est dur à digérer ! », et ça me permet, dans le TGV, de mettre mon casque et d'écouter des chants grégoriens.

Je suis Alceste.

Et je m'indigne parce que la relation la plus élémentaire, la courtoisie, l'échange de regards ont été anéantis pour être remplacés par des rapports mécaniques, fonctionnels, performants, dépourvus

77

de mélodie. Dans le train, dans la rue, nous sommes contraints d'entendre des choses que nous aurions considérées, même, comme indignes en famille. Et les femmes ? Être présent, se promener, regarder un visage féminin, « celle qu'on voit apparaître et qui s'évanouit », ce n'est plus pareil. On les voit ouvrir des portes de voiture et les refermer le portable à l'épaule et elles règlent en même temps le problème des enfants. La colonne vertébrale devient inélégante. La rue qui était un matériau d'inspiration, de poésie, de virtualité ; la rue qui pouvait être un objet de réflexion pour celui qui se prenait pour Socrate ou un lieu de drague s'il se prenait pour Roland Barthes est envahie de petites entreprises qui n'ont pas de clients. Nous vivons un chômage de masse, il y a mille personnes qui perdent leur emploi par jour et nous sommes transformés en PME vagabondes. Ils déambulent, totalement affairés. Mais cela se fait avec notre consentement : tout le monde est d'accord, tout le monde est sympathique. Et la vie qui doit être privée est offerte bruyamment. Les problèmes d'infrastructures des vacances du petit à Chamonix par rapport au grand frère qui n'est pas très content, le problème du patron qui est méchant.

Alceste certainement aurait voulu se battre contre cette tyrannie. Il ne se rend pas compte que le combat est perdu d'avance. Il crie. Il se révolte. Philinte lui répond :

> Le monde par vos soins ne se. changera pas ;
> Et puisque la franchise a pour vous tant d'appas,
> Je vous dirai tout franc que cette maladie,
> Partout où vous allez, donne la comédie,
> Et qu'un si grand courroux contre les mœurs du temps
> Vous tourne en ridicule auprès de bien des gens.

Et Philinte s'adapte au portable.

Évidemment, Philinte incarne un contrepoint qui le hisse à la dimension d'un moraliste. On ne fait pas assez attention aux réponses de Philinte, face à l'exaspération d'Alceste dans ses furies, parce que cette réplique est usée à force d'avoir été tellement entendue. Philinte dit : « Mon Dieu, des mœurs du temps mettons-nous moins en peine. » Ce n'est pas une morale mais c'est un état. Il ne moralise pas, il affirme un nouveau son :

> Mon Dieu, des mœurs du temps mettons-nous moins en peine,
> Et faisons un peu grâce à la nature humaine ;
> Ne l'examinons point dans la grande rigueur,
> Et voyons ses défauts, avec quelque douceur.

Vous vous rendez compte de ce. qui se dit, là ? Vous prenez conscience de ce nouveau code offert à Alceste qui n'entend rien ?

> Il faut, parmi le monde, une vertu traitable.

Espèce de couillon, accepte le portable !

À force de sagesse, on peut être blâmable ;
La parfaite raison fuit toute extrémité,
Et veut que l'on soit sage avec sobriété.

Regardez comment Philinte s'adapte au portable :

Je prends tout doucement les hommes comme ils
    sont,
J'accoutume mon âme à souffrir ce qu'ils font.

Est-ce que nous entendons ce qui se dit là ? Il dit qu'il prend doucement – voyez l'importance du « doucement » – les hommes comme ils sont. Il accoutume son âme à souffrir ce qu'ils font.

C'est évidemment Philinte qui a raison.

« Il est bon de cacher ce qu'on a dans le cœur », dit-il encore. On a envie de dire, encore une fois, acceptons le retentissement de la puissance évocatrice de cette phrase, voyons les conséquences dans votre vie.

Le Misanthrope, ça n'est pas de la littérature. Il n'y a aucun souci rhétorique. La langue sort du corps et non pas du cerveau : c'est un produit organique qui fait avancer l'action. Rien n'est descriptif, orné. Tout est immédiatement compréhensible. Comme dirait Jouvet, une phrase de Molière n'est pas du joli langage, les phrases sont les « cicatrices du poète ».

Chez Jean-Laurent Cochet, on travaillait inlassablement cette scène. Travailler Molière : pourquoi cette épreuve est-elle évidente, nécessaire ?

Pour mille raisons, dont les principales me semblent le génie de la situation et la confrontation à ce que Jouvet appelle le « marbre » : Molière, dit Jouvet, c'est du marbre, on ne peut le faire plier, on ne peut le réduire à nous-mêmes, il nous délivre du narcissisme de la modernité en nous obligeant à nous mesurer aux constantes de l'âme humaine, parce qu'il a sécrété, produit, créé des scènes et des personnages qui ont une puissance éternelle. La langue est propulsée par un turbo, le corps, les muscles. Il y a si peu de joliesse, de raffinement français chez lui. C'est une langue en marche. Molière, c'est un immense graphologue organique. Il serait criminel d'apporter sa petite colère personnelle dans l'échange qui va suivre :

PHILINTE

Il est bien des endroits, où la pleine franchise
Deviendrait ridicule et serait peu permise ;
Et parfois, n'en déplaise à votre austère honneur,
Il est bon de cacher ce qu'on a dans le cœur.
Serait-il à propos et de la bienséance
De dire à mille gens tout ce que d'eux on pense ?
Et quand on a quelqu'un qu'on hait ou qui
    déplaît,
Lui doit-on déclarer la chose comme elle est ?

ALCESTE

Oui...

PHILINTE

Quoi ? vous iriez dire à la vieille Émilie
Qu'à son âge il sied mal de faire la jolie ?
Et que le blanc qu'elle a scandalise chacun ?

ALCESTE

Sans doute.

PHILINTE

À Dorilas, qu'il est trop importun,
Et qu'il n'est, à la cour, oreille qu'il ne lasse,
À conter sa bravoure et l'éclat de sa race ?

ALCESTE

Fort bien.

PHILINTE

Vous vous moquez.

ALCESTE

Je ne me moque point,
Et je vais n'épargner personne sur ce point.
Mes yeux sont trop blessés et la cour, et la ville
Ne m'offrent rien qu'objets à m'échauffer la
    bile :
J'entre en une humeur noire, et un chagrin
    profond,
Quand je vois vivre entre eux les hommes
    comme ils font ;
Je ne trouve partout que lâche flatterie,

Qu'injustice, intérêt, trahison, fourberie ;
Je n'y puis plus tenir, j'enrage, et mon dessein
Est de rompre en visière à tout le genre humain.

Dire de Molière que c'est un dialoguiste de génie est trop faible : il est *le* dialoguiste. Parce qu'il ne démontre rien, il laisse sa chance à chacun. Un exemple : le duel entre Clitandre et Trissotin dans *Les Femmes savantes*. Clitandre, c'est l'homme de Molière un peu ennuyeux, sans grâce. Trissotin, c'est le brio, le mondain, le précieux. Il devrait vaincre mais, avec Molière, Clitandre a sa chance.

À chaque réplique, on change de camp. La tête passe de l'un à l'autre comme à Roland-Garros quand on regarde les échanges.

Clitandre, qui n'en peut plus de voir les femmes savantes se pâmer devant Trissotin, est au service. Il fait l'éloge de l'inculte préférable au prétentieux :

CLITANDRE

Je m'explique, Madame, et je hais seulement
La science et l'esprit qui gâtent les personnes.
Ce sont choses de soi qui sont belles et bonnes ;
Mais j'aimerais mieux être au rang des ignorants,
Que de me voir savant comme certaines gens.

C'est dit calmement. Trissotin perd le point. Il tente l'apaisement.

TRISSOTIN

Pour moi, je ne vois pas, quelque effet qu'on
    suppose,
Que la science soit pour gâter quelque chose.

Mais Clitandre insiste.

CLITANDRE

Et c'est mon sentiment, qu'en faits, comme en
    propos,
La science est sujette à faire de grands sots.

Trissotin, lui, reste en fond de cour.

TRISSOTIN

Le paradoxe est fort.

Mais Clitandre qui le tient, tape de plus en plus
fort. On le voit serrer les dents...

CLITANDRE

Sans être fort habile,
La preuve m'en serait, je pense, assez facile.
Si les raisons manquaient, je suis sûr qu'en tout cas
Les exemples fameux ne me manqueraient pas.

TRISSOTIN

Vous en pourriez citer qui ne concluraient guère.

CLITANDRE

Je n'irais pas bien loin pour trouver mon affaire.

TRISSOTIN

Pour moi je ne vois pas ces exemples fameux.

CLITANDRE

Moi, je les vois si bien, qu'ils me crèvent les
  yeux.

Piqué au vif, Trissotin réagit enfin.

TRISSOTIN

J'ai cru jusques ici que c'était l'ignorance
Qui faisait les grands sots, et non pas la science.

L'affrontement est maintenant total. C'est l'esprit
français dans toute sa grâce et sa férocité.

CLITANDRE

Vous avez cru fort mal, et je vous suis garant,
Qu'un sot savant est sot plus qu'un sot ignorant.

TRISSOTIN

Le sentiment commun est contre vos maximes,
Puisque ignorant et sot sont termes synonymes.

CLITANDRE

Si vous le voulez prendre aux usages du mot
L'alliance est plus grande entre pédant et sot.

Les deux sont maintenant au sommet de leur art.

TRISSOTIN

La sottise dans l'un se fait voir toute pure.

Et Clitandre par un smash gagne le match :

CLITANDRE

Et l'étude dans l'autre ajoute à la nature.

« Et l'étude dans l'autre ajoute à la nature », ça ne veut rien dire d'autre que « déjà que la nature t'a pas gâté, mais si en plus on y ajoute ta prétention… ». Autrement dit : « Tu es une grosse fiente ! »

Jouvet estimait que la supériorité des personnages du théâtre classique, comme Tartuffe, Dom Juan ou Alceste, interdisait à l'acteur de les jouer en apportant sa propre vie : il fallait au contraire s'en déposséder pour laisser vivre le personnage.

> Ce qu'il y a toujours chez toi, disait-il de sa voix étrange à l'un de ses élèves, *c'est l'intention de jouer. Tout de suite, tu veux jouer.* […] Tu veux mettre là-dedans du sentiment, exprimer quelque chose. Tu ne peux pas.

Un jeune comédien aura tendance à jouer Alceste en y mettant en scène sa propre colère. C'est trop réducteur : cela ne tient pas. S'il ajoute sa colère aux mots de Molière, on ne les entendra plus. Cela peut prendre des années, mais il faut accepter de se contenter de dire les mots de Molière. C'est l'humeur et l'intelligence des personnages qu'il faut atteindre. Jouvet, encore :

> Il faut que le théâtre soit propulsé *par un sentiment et non par la raison.* Ce sont les gens de l'Université qui raisonnent les textes. […] Nous

prenons un texte, nous essayons de l'animer, or, *ce qui est important*, ce n'est pas d'animer le texte, *c'est l'état dans lequel est le personnage à ce moment-là.*

Quand tu joues du Henry Bernstein, tu peux apporter ton casse-croûte, ta psychanalyse, ton Œdipe, car les personnages sont à peine esquissés. C'est l'auberge espagnole ; chacun y ajoute ce qu'il veut, et c'est très bien. Mais quand tu joues Molière, il faut que tu te dégages de tout apport personnel.

Un jour, Jouvet, dans une rêverie, était à l'Odéon. Tout d'un coup, il imagine une scène étonnante : il y a un immense brouillard qui envahit le théâtre et dans cet immense brouillard, il voit les acteurs qui rentrent. Et, derrière eux, il y a un brouillard encore plus dense : ce sont les personnages, les âmes, Alceste, Philinte. Ils entrent aussi. Ils entrent parce qu'ils ont été affichés. Il imagine l'âme d'Alceste, l'âme de Philinte dans le théâtre. Les âmes montent dans la loge avec l'acteur. Et l'acteur se regarde dans la glace et ne se rend pas compte que le personnage lui fait des signes. Ça ne l'intéresse pas, l'acteur : il est trop occupé à faire des mouvements, à s'enivrer de lui-même et le personnage lui fait des signes pour dire « je suis là ». En vain. L'acteur descend en coulisse, il croise les autres comédiens, et les personnages continuent de dire « laisse-moi entrer » et il ne les laisse pas entrer. Et Jouvet termine par cette idée merveilleuse : quand tout sera éteint, quand le public sera parti, enfin, les personnages se retrouveront sur scène pour jouer la pièce.

Jouvet, toujours :

Il n'est rien de plus faux, ni rien de plus vrai que le théâtre. Car on ne peut rien savoir sur le théâtre. Encore moins que partout ailleurs. C'est très compliqué. Mais c'est la seule énigme bienfaisante dans la vie des hommes : la seule efficace. Tout au théâtre est mêlé et emmêlé. Tout est en reflets… Et le comédien ne sait pas penser. C'est sa vertu. Penser est le contraire de sa profession, de ses exercices.

Comment devenir Alceste ? Par une pratique de la respiration, par une lente insinuation, par la « diction », la diction qui est, selon Jouvet, la « base de notre métier ». La diction, ça n'est pas « articuler ». Ce ne sont pas les hommes politiques qui articulent pour être compris et qui nous parlent comme à des demeurés. La diction c'est s'approcher par le geste de ce larynx, de ce matériau sonore qui existe dans une phrase de Molière ou de Racine.

Il faut savoir que les dictions s'adaptent à l'œuvre. Il n'y a pas de diction standard comme la nourriture d'une chaîne de restaurants où l'on mange tous le même poulet. Chaque auteur exige une diction. Ce n'est pas la même pour Molière. Ce n'est pas la même pour Racine. Ce n'est pas la même pour La Fontaine.

Et puis chez Molière, comme dans tout le théâtre du XVIIe siècle, il y a une contrainte absolue : le problème du vers. Faut-il chercher à tout prix le naturel, alors que la langue reste celle du XVIIe siècle, à laquelle l'alexandrin impose un rythme particulier ?

Qu'est-ce qu'un alexandrin ? Comment le dit-on ? Comment le respire-t-on ? Comment le restitue-t-on, sans se laisser happer par sa forme, car cela en détruirait le sens ? Un homme qui joue l'alexandrin doit donner l'impression que c'est parlé, et pourtant, ça ne l'est pas ; cela obéit à un rythme qui doit être respecté. Mais si c'est récité, on périt d'ennui.

Un vers impose, par sa musicalité, une distance, au même titre que le décor, les costumes, les lumières. Il est là pour faire sentir au spectateur qu'il regarde, qu'il écoute, qu'il assiste à une réalité sublimée : un spectacle greffé sur la réalité, mais qui la surplombe et la transfigure en lui donnant une saveur d'éternité. Si tu respectes la structure, la jouissance sera encore plus grande. Obéis au texte. Quand c'est aussi bien écrit, il faut se soumettre, être un interprète musical. Le vers de Molière, c'est la contrainte de cet alexandrin qui produit la vie, et non pas la vie qui ne s'épanouirait que quand elle est débarrassée de la contrainte.

La rime, c'est un cadeau supplémentaire, il n'y a pas besoin de la jouer.

« Pour moi je ne vois pas ces exemples fameux. — Moi, je les vois si bien, qu'ils me crèvent les yeux. » On n'a pas besoin d'appuyer sur « yeux ». Mais la rime est là, elle est donnée. Celui qui pérore boursoufle le texte, et le texte disparaît. Cela fait quarante ans que je suis sur ces phrases-là. Elles m'obsèdent.

Être un acteur, c'est ce moment, à la seconde où tu dis le vers, où tu le ressens, et où il t'inspire un geste théâtral que tu n'avais pas prévu. Quand tu aimes la cadence, c'est magique. Pourquoi est-ce que cela me paraît de plus en plus drôle, au fur et à mesure que je joue ces scènes ? Parce que je suis de plus en plus près de la structure du vers, je ne rajoute rien. Est-ce que je me dépersonnalise en suivant le conseil de Jouvet ? Moi qu'on dit bon client, un cabot, un qui en fait trop, un qui passe en force, un qui fait le show ?

Ce qu'il faut bien comprendre, enfin, c'est qu'une phrase n'est jamais une information. Celui qui veut dire aux gens quelque chose, il est foutu !

Il n'y a rien à dire aux gens. Les gens n'ont rien à comprendre, il faut qu'ils sentent. Et pour qu'ils sentent, il faut que le comédien sente.

Écoute, mon ami, dit Jouvet, pour être comédien, *il faut se montrer*. C'est d'abord un plaisir de vanité pure et de présomption téméraire. Il dure (parfois) jusqu'à la mort. Mais si un jour tu t'aperçois de cela, tu auras découvert l'important du métier ; peut-être est-ce son but, sa fin essentielle. Car tu comprendras, tu seras sur le chemin de comprendre, que pour bien pratiquer ce métier l'important est dans *le renoncement de soi pour l'avancement de soi-même*.

Prenons cette scène prodigieuse des *Femmes savantes*. Elle met en scène deux littérateurs, deux intellos bas de gamme : Vadius et Trissotin. Trissotin est l'homme cultivé dont les femmes sont folles ; il parle bien et elles le trouvent formidable parce qu'il trousse madrigaux, épigrammes, sonnets. Trissotin introduit Vadius en leur présence :

TRISSOTIN

Voici l'homme qui meurt du désir de vous voir.
En vous le produisant, je ne crains point le
    blâme
D'avoir admis chez vous un profane, Madame,
Il peut tenir son coin parmi de beaux esprits.

PHILAMINTE

La main qui le présente, en dit assez le prix.

91

TRISSOTIN

Il a des vieux auteurs la pleine intelligence,
Et sait du grec, Madame, autant qu'homme de
    France.

PHILAMINTE

Du grec, ô Ciel ! du grec ! Il sait du grec, ma sœur !

BÉLISE

Ah, ma nièce, du grec !

ARMANDE

Du grec ! quelle douceur !

PHILAMINTE

Quoi, Monsieur sait du grec ? Ah permettez, de
    grâce
Que pour l'amour du grec, Monsieur, on vous
    embrasse.
(*Il les baise toutes, jusques à Henriette qui le*
refuse.)

HENRIETTE

Excusez-moi, Monsieur, je n'entends pas le grec.

PHILAMINTE

J'ai pour les livres grecs un merveilleux respect.

VADIUS

Je crains d'être fâcheux, par l'ardeur qui m'engage
À vous rendre aujourd'hui, Madame, mon
    hommage,
Et j'aurais pu troubler quelque docte entretien.

Monsieur, avec du grec on ne peut gâter rien.

TRISSOTIN

Au reste, il fait merveille en vers ainsi qu'en
  prose,
Et pourrait, s'il voulait, vous montrer quelque
  chose.

En quelques mots, Molière a campé le décor
et la situation : on se croit à la fin d'un repas familial, lorsque quelqu'un donne une bourrade à son
voisin en lui disant : « Allez, tu sais bien la chanter, vas-y ! Mais vas-y donc ! »

TRISSOTIN

Vos vers ont des beautés que n'ont point tous
  les autres.

VADIUS

Les grâces et Vénus règnent dans tous les vôtres.

TRISSOTIN

Vous avez le tour libre, et le beau choix des
  mots.

VADIUS

On voit partout chez vous l'ithos et le pathos.

TRISSOTIN

Nous avons vu de vous des églogues d'un style,
Qui passent en doux attraits Théocrite et Virgile.

VADIUS

Vos odes ont un air noble, galant et doux,
Qui laisse de bien loin votre Horace après vous.

TRISSOTIN

Est-il rien d'amoureux comme vos chansonnettes ?

VADIUS

Peut-on rien voir d'égal aux chansons que vous
faites ?

TRISSOTIN

Rien qui soit plus charmant que vos petits
rondeaux ?

VADIUS

Rien de si plein d'esprit que tous vos madrigaux ?

TRISSOTIN

Aux ballades surtout vous êtes admirable.

VADIUS

Et dans les bouts-rimés je vous trouve adorable.

TRISSOTIN

Si la France pouvait connaître votre prix,

VADIUS

Si le siècle rendait justice aux beaux esprits,

TRISSOTIN

En carrosse doré vous iriez par les rues.

VADIUS

On verrait le public vous dresser des statues.

Ces compliments fécondent la rupture organique d'état. Mais le dialogue qui s'engage devant
ces dames, soudain, tourne au vinaigre :

TRISSOTIN

Avez-vous vu certain petit sonnet
Sur la fièvre qui tient la princesse Uranie ?

VADIUS

Oui, hier il me fut lu dans une compagnie.

TRISSOTIN

Vous en savez l'auteur ?

VADIUS

Non ; mais je sais fort bien,
Qu'à ne le point flatter son sonnet ne vaut rien.

TRISSOTIN

Beaucoup de gens pourtant le trouvent admirable.

VADIUS

Cela n'empêche pas qu'il ne soit misérable ;
Et si vous l'avez vu, vous serez de mon goût.

TRISSOTIN

Je sais que là-dessus je n'en suis point du tout,
Et que d'un tel sonnet peu de gens sont capables.

VADIUS

Me préserve le Ciel d'en faire de semblables !

TRISSOTIN

Je soutiens qu'on ne peut en faire de meilleur ;
Et ma grande raison, c'est que j'en suis l'auteur.

VADIUS

Vous ?

TRISSOTIN

Moi.

C'est du pur boulevard. Aucune pièce de théâtre n'offre un malentendu aussi cruel.

« Et ma grande raison, c'est que j'en suis l'auteur. » Cela fait trente ans que je me demande si j'ai là un grand temps ou un petit temps. Silence. On entend le public qui, dans la salle, joue sa partie : il rit. Tu dois le laisser rire. Il prend son plaisir. À toi, il appartient de ne pas perdre ton sentiment. Et tu enchaînes : « Vous ? » Ils rient encore. « Moi. »

Nouveaux rires.

Si l'on joue cela avec la grosse lourdeur contemporaine, où tout doit être dit, c'est fichu. Prenons la tirade du mari des *Femmes savantes*. Chrysale lu au premier degré est considéré comme un immonde macho qui veut renvoyer les femmes à la cuisine et au bac à linge. Mais ce n'est pas un manifeste que fait Molière, il s'en fout de la femme à la maison ou pas, ce qu'il décrit c'est un état. L'état d'un homme perdu. Chrysale vient de perdre sa bonne que son épouse a virée parce qu'elle faisait des barbarismes. Le mec est paumé, égaré au milieu de ces femmes complètement investies. Il voudrait simplement qu'on lui fasse un frichti. Il n'en peut plus, alors il explose :

CHRYSALE

Voulez-vous que je dise ? Il faut qu'enfin j'éclate,
Que je lève le masque, et décharge ma rate.

Et là, pépère, qui depuis des mois supporte l'hystérie de sa femme et de ses amies qui se pâment pour Trissotin, ne tient plus :

C'est à vous que je parle, ma sœur.
Le moindre solécisme en parlant vous irrite :
Mais vous en faites, vous, d'étranges en conduite.
Vos livres éternels ne me contentent pas...

Il finit de décharger son tromblon :

Je n'aime point céans tous vos gens à latin,
Et principalement ce Monsieur Trissotin.
C'est lui qui dans des vers vous a tympanisées,
Tous les propos qu'il tient sont des billevesées...

Arrive ensuite un vers inouï, adressé aux jargonnants, aux cuistres, aux bas-bleus de tous les temps :

On cherche ce qu'il dit après qu'il a parlé.

« On cherche ce qu'il dit après qu'il a parlé. » La fluidité est un mot impuissant pour qualifier cette perfection naturelle. « On cherche ce qu'il dit après qu'il a parlé ! » Combien de fois dans une vie, quand un con, un snob ou un esprit obscur pérore et nous laisse ahuri, ce vers résume notre état ?

Ce qu'il faudrait, au fond, ce serait mettre en scène les dialogues de Molière, en jouant les différents personnages. Molière doit être abordé par *fragment*. Les pièces burlesques comme *Les Fourberies de Scapin* ne m'intéressent pas, les dénouements tonitruants à l'italienne non plus. Mais les pièces tardives sont des chefs-d'œuvre. Montrer à quel point il a su voir les gens, les analyser.

J'avais un projet avec Laurent Terzieff, qui pourtant ne souhaitait pas toucher à autre chose qu'au théâtre contemporain. Un soir, au sortir d'une représentation, il m'a dit : « Je pourrais te mettre en scène dans tous les dialogues amoureux de Molière. »

Je serais aussi très tenté de refaire d'une autre manière ce qu'on a fait avec *Alceste à bicyclette* : tenir une heure quarante avec deux vieux cabots réunis à l'île de Ré et qui se battent pendant tout le film sur une scène. Une seule scène, mais sublime. J'ai aimé l'idée de ce personnage qui ne jouera jamais Alceste tellement il aime *Le Misanthrope*.

C'était une belle idée de dire ces derniers vers, sur la plage, ces vers qu'il ne dira jamais au théâtre.

Le festival

Au Théâtre de verdure je joue *Poésies ?*. Salle comble. Malheureux. Sensation de ne pas avoir embrassé l'espace. Sensation qu'il y a quelque chose de dissonant. De dire ces textes en plein mois d'août, rentrer dans « Le Bateau ivre » en sortant des merveilleuses plages du Club 55. Pas facile. Sans doute écrabouillé par l'ampleur de la salle.

J'ai dû être en force pendant trente minutes. Laurent Terzieff me disait toujours que si dans une salle de plus de mille personnes, cinq ressortent en ayant été sensibilisés au mystère de la littérature, la soirée était réussie. Moi je ne ressens pas ça du tout. Aucune envie chrétienne. Finalement, je n'ai jamais résolu un truc étrange.

Je propose des textes ahurissants, je me confronte à eux jusqu'à l'épuisement. Ils sont ma raison d'être, et je souffre que des gens heureux viennent les entendre. Qui sont à mon humble avis assez loin des problèmes de l'« Alchimie du verbe ». En disant « A noir, E blanc, I rouge, O bleu, U vert », j'ai senti dans le public un trouble, presque un désarroi. J'avais le souvenir des remerciements des sponsors dix minutes avant d'entrer en scène : un ténor du Midi a entamé les remerciements de tous les sponsors, sur un air de Puccini. Les banques, les magasins de vêtements, les hôtels, etc. Les gens avaient l'air heureux, ils ont même applaudi très fort.

Ils avaient l'air d'aller très bien les gens de Ramatuelle...

Chapitre 6

26, AVENUE PIERRE-Ier-DE-SERBIE

« Éric Rohmer veut vous voir : 26, avenue Pierre-Ier-de-Serbie. » C'est l'adresse qui a produit comme un retentissement. 26, avenue Pierre-Ier-de-Serbie. Dans le 16e arrondissement. 26, avenue Pierre-Ier-de-Serbie. Les mots et les chiffres de l'ascenseur social. J'ai 20 ans, mais le pognon ça m'émeut. La porte grillagée de la villa Montmorency ça peut me rendre dingue, le calme du parc Saint-James à Neuilly ça me bouleverse. 26, avenue Pierre-Ier-de-Serbie ça me branche.

Donc, j'ai 20 ans, je sors de la coiffure. Je suis apparu dans un film de Philippe Labro. On me voit au drugstore d'Angoulême. Mais je ne veux pas être acteur, la coiffure me va très bien. Je ne sais pas qui est Éric Rohmer, je m'en fous. Il veut me voir et c'est son adresse royale – 26, avenue Pierre-Ier-de-Serbie – qui me convainc de m'y rendre.

J'arrive dans l'immeuble. J'ai toujours été sidéré par le signifiant des halls d'immeubles, particulièrement les paillassons. Le concept du paillasson. Ça n'a l'air de rien, mais c'est très important le paillasson. Quelle grandeur ! Quelle épaisseur ! Le grand paillasson s'affirme large dans l'immeuble chic, et il nous emmène mine de rien sur le tapis qui recouvre l'escalier. C'est là que ça se joue. Le Tapis. Le bonheur insensé que représente le tapis sur l'escalier, sa largeur. Sa certitude, surtout comparé à la pauvre moquette de mon studio.

Le Tapis. Dans les escaliers bourgeois. On en a peu parlé, mais qui ne s'est pas demandé en montant les escaliers sur quoi il marchait ? Du moelleux, comme si la cage d'escalier était habitable et pas visitable. Barthes expliquait qu'une ville l'intéressait quand elle était habitable et non pas visitable. La cage d'escalier du 26, rue Pierre-Ier-de-Serbie était habitable.

Je suis alors amoureux d'une femme qui m'a fait découvrir Nietzsche et Freud. Elle exige que je lise Nietzsche deux heures par jour, c'est la condition pour assouvir ma pauvre pulsion érotique. J'arrive chez Rohmer, je frappe à la porte, il m'ouvre et je lance d'une voix forte : « Âgé de trente ans, Zarathoustra quitta son pays et le lac de son pays. » Pourquoi j'ai dit ça ?

Rohmer est ahuri. Il arbore un sourire heureux. Il crie : « Vous lisez Nietzsche ? Attendez ! » Il se lance en courant vers son imperméable. Il revient en brandissant un livre à la main et me dit : « On lit le même ! » Il ajoute : « Mais je le lis en allemand ! » C'est notre rencontre. Elle a duré sept films.

Le cinéaste alors est à son sommet. Il collabore aux *Cahiers du cinéma*, il est l'une des figures majeures de la Nouvelle Vague. Il est l'auteur du *Genou de Claire*, des *Contes moraux*, il a adapté la *Marquise d'O* de Kleist. Ces années-là, le cinéma fait cohabiter le divertissement populaire à la Claude Zidi ou à la Jean-Paul Belmondo et les œuvres pointues d'un Rohmer. Et là, Rohmer, on peut dire qu'il fait dans le pointu. Pendant des mois, il a traduit les neuf mille vers de la première œuvre littéraire française : *Perceval ou le conte du Graal*, le roman courtois de Chrétien de Troyes. XIIe siècle ; 1180 disent les spécialistes. Les producteurs ne saisissent pas totalement l'envergure du projet, mais c'est Rohmer, donc ils tentent.

On tourne dans un grand studio pendant un an. J'apprends à monter à cheval. J'apprends l'épée. Mais pas une petite épée. Une épée tellement lourde que je suis désespéré à l'idée de la porter. J'ai une cotte de mailles qui fait soixante-douze kilos. Mais le plus dur c'est d'apprendre le

Chrétien de Troyes. Avec la méthode Assimil, on apprend le portugais en trois semaines, mais pour la langue de Chrétien de Troyes, pas de méthode !

Nous travaillons beaucoup, énormément, jusqu'à l'épuisement. Nous faisons le film. Un an plus tard, c'est la première aux Champs-Élysées. Tout Paris est là. Le président de la République, la Sorbonne, les intellectuels. Deleuze, Foucault, Lacan. La crème. Devant ce public, ces autorités, je suis *Pretty Woman*, je suis sidéré.

Le cinéma est immense et très vite je comprends qu'il n'est pas seulement peuplé de fans de Chrétien de Troyes ou de fans d'Éric Rohmer. Il y a beaucoup de gens normaux qui ne connaissent pas le premier et très mal le second. Ils ont vu « quête du Graal » sur l'affiche : ils se sont sans doute dit : c'est les Monty Python, on va aller le voir. Mais ce n'est pas Terry Gilliam, c'est Chrétien de Troyes ! Et là, le film commence. Mille cinq cents personnes dans le public. Des stars partout. Fanny Ardant. Du gros. Du très gros.

Premières images, on découvre le décor. Du ciment peint en vert sur 2 500 mètres carrés pour symboliser l'herbe. Un ciel bleu qui tourne à l'infini et qui symbolise l'infini. Un arbre en fer complètement pas normal et des châteaux tout petits. Plus petits que les acteurs et peints en or ! Premier plan : le chœur. Trois femmes, deux hommes qui, face à la caméra, dans ce décor incroyable, récitent sur un air doux et médiéval :

> Ce fut au temps qu'arbres feuillissent
> Herbes et bois et prés verdissent
> Et les oiseaux en leur latin
> Chantent doucement au matin.

Et c'est chanté ! Dans le public, il y en a déjà un paquet qui se dit : « Ça ne va pas être pour nous le Chrétien de Troyes ! »

> Ce fut au temps qu'arbres feuillissent
> Herbes et bois et prés verdissent

Sans doute pas des mordus de l'octosyllabe... Je sens du désarroi.

J'arrive alors, comme Fernandel dans *La Vache et le Prisonnier*. J'ai 23 ans, les cheveux longs. Naïf, un peu bête. Je suis avec mon cheval. Le chœur, en chantant, accompagne mon entrée :

> Ainsi en la forêt, il entre
> Et maintenant le cœur du ventre
> Pour le doux temps lui réjouit,
> Et pour le chante qu'il ouït
> Des oiseaux qui joi-e faisaient

> Des oiseaux qui joi-e faisaient
> Toutes ces choses lui plaisaient.

« Il ôta au cheval son frein », dit le chœur. J'enlève le mors de l'animal. Et le chœur poursuit : « Et le laissa aller paissant par l'herbe fraîche verdoyante. »

Ça va se vider très vite... Quand le cheval part « paisser » sur du ciment, il y a résistance de la part du public. « Mais il ne peut pas paître sur du ciment, le cheval », s'interrogent les spectateurs.

Le chœur poursuit en disant que des chevaliers arrivent. Il y a cinq vieux chevaux qui tournent autour de l'arbre de fer. Et je vois les chevaliers. Je crois que c'est Dieu parce que c'est un puits de lumière. Je m'agenouille parce que la mère de Perceval lui dit : « Tu t'agenouilles si tu vois Dieu. » Je me mets à prier. « Qu'est-ce que t'as ? » lance le chevalier. « N'êtes-vous Dieu ? » lui répond Perceval. « Non par ma foi. — Qu'êtes-vous donc ? — Chevalier. » Les acteurs accompagnent chaque vers de gestes vaguement ridicules. Au milieu de cette scène incroyable jaillissent des vers sublimes : « Quand chevaliers adoubés furent, le jour même au combat moururent. » Ça n'a l'air de rien, mais l'adaptation de Rohmer est fluide et lumineuse.

Mais c'est trop tard. Il y a déjà des dizaines de mecs qui se barrent du cinéma.

Le chœur poursuit et dit que le héros « en ville arriva ».

La ville, c'est une tour, avec une femme plus grande que la tour. Une grosse tête au-dessus d'une petite tour. Pour retrouver la naïveté des enluminures du XIIᵉ siècle, dira Rohmer. Mais les gens se foutent des enluminures : ils sont au cinéma. Ils ne comprennent pas pourquoi la tête sort de la tour !

La femme dit : « Qui donc appelle ? » Je réponds : « Bel ami, un chevalier suis et vous prie que dedans me fassiez entrer et l'hôtel pour la nuit prêtez. » Et là, le pont-levis descend. Je suis accueilli avec mon cheval par la patronne du château. Blanchefleur jouée par Arielle Dombasle !

La salle de cinéma déjà est presque déserte. Un désastre.

Une fois le film terminé, le directeur de la Gaumont de l'époque vient me voir et me dit : « Vous n'êtes pas pire qu'un autre, Luchini, mais c'est votre dernier film. » Je m'apprête à repartir, déprimé, et là on me dit : « Fabrice, remonte, il y a Rohmer qui fait une rencontre avec les universitaires. »

Je retourne dans le cinéma. Il reste 113 personnes sur les 1 500. Au moment où j'entre, je vois un prof qui se lève, le doigt en l'air, et qui prend la parole en disant d'une voix définitive : « Je m'oppose radicalement au concept de l'acier au XIIᵉ siècle. »

Qu'est-ce que je peux répondre à un truc pareil ? J'ai été coiffeur, moi, à 14 ans. Rohmer répond : « Je vais vérifier. » Il met une demi-heure à trouver la réponse et me laisse seul avec tous les profs avec rien d'autre à leur proposer que des vers de Chrétien de Troyes. Au bout d'une demi-heure, Rohmer revient en disant : « Euh, euh… Vous avez raison. Ça n'existait pas l'acier au XIIᵉ siècle. »

Je descends, je reviens dans le 9ᵉ, rue Cadet, complètement déprimé. Le plus grand critique de l'époque, Jean-Louis Bory, la star des stars, l'animateur du « Masque et la Plume », écrit : « Quel dommage que Perceval soit joué par ce Niguedouille sans charme. » Le lendemain matin à neuf heures, coup de téléphone : « Achète *Le Nouvel Obs* ! » Non, déjà dans *France-Soir*, François Chalais avait écrit : « Quant à Fabrice Luchini, il ressemble à Serge Lama dans *La Dame aux camélias*. » Je descends modestement. Je vais inquiet jusqu'au marchand de journaux. Je demande *Le Nouvel Observateur* et je le feuillette fébrilement pour voir s'il n'y a pas de saloperie supplémentaire et là je vois la chronique de Roland Barthes. « Et si Barthes me démolissait », je me dis en sentant monter l'angoisse. Roland Barthes, alors, c'est le pape de la littérature. L'un des géants du structuralisme et de la sémiotique. Il tient une chronique dans

Le Nouvel Obs. On y trouve des pépites. Un texte sur l'amitié par exemple :

> Le mal qu'on dit de nous, c'est par nos amis les mieux intentionnés que nous l'apprenons : « *L'autre jour, tu sais, je t'ai bien défendu...* » C'est ainsi que j'apprends qu'on m'a attaqué. Il s'établit alors une sorte de différence entre les amis. Tous m'aiment bien sans doute, mais seuls certains connaissent la carte exacte de mes blessures. Celui qui me blesse sans le savoir, pour me montrer son dévouement, me gêne deux fois : par l'information qu'il me donne ou parce que je découvre qu'il ne me connaît pas *subtilement* (à moins qu'il n'agisse par perversité ?).

Il peut aussi écrire un texte sur les paquets. Ça s'appelle « Paquet » :

> Ce qu'il y a de plus difficile, dans les livres qu'on reçoit, ce n'est pas d'en parler, ni même de les lire, c'est d'ouvrir le paquet : il faut lutter de force contre le carton et le papier collant ; la languette de l'enveloppe, qui devrait assurer une ouverture magique, se casse...

Je tombe sur la critique de *Perceval le Gallois*. Et ces lignes inouïes :

> Au cinéma, la fumée risque de gêner les spectateurs, ce pour quoi on l'interdit. Mais les rires qui, derrière moi, accompagnent ce film qui m'émeut, ce film que j'aime, que j'admire, aucune

loi ne les interdit, et pourtant ils me blessent. Car, ce soir-là, le public riait, ai-je cru entendre, de ces choses sensibles que précisément j'aimais dans le film de Rohmer : un art du récit, la saveur d'une langue différente et cependant claire, le charme d'une parole assonancée, le relief des caractères, le rapport très subtil de la littérature et de l'image, et, pour tout dire, une sorte de noblesse, de bienveillance, de bonté.

Il y a certes dans « Perceval » des moments délibérément drôles. Mais, dès lors que le rire du public vient d'une moquerie ou d'une espèce de grossièreté des sentiments, dès lors qu'on rit d'une sensibilité ou d'une innocence, dès lors qu'on rit d'un auteur à son insu, la barbarie apparaît.

Passe encore de rire à « *pucelle* », « *baiser* », « *garce* », tous les potaches l'ont fait ; mais rire de la « simplicité » du héros (or le film de Rohmer est précisément cela : simple dans tous les sens du mot), c'est affirmer le refus de la différence. Rire veut dire : je ne comprends pas l'autre, je ne veux pas de l'autre, je veux le même ; je veux seulement d'un Moyen Âge où rien n'est différent d'aujourd'hui, sauf les costumes.

Roland Barthes : on est au sommet !

Les Baux-de-Provence, 14 août 2015

Domaine de Manville

Si j'avais le génie de La Fontaine, j'essaierais une fable. Le drame, c'est que je n'ai que le titre, rien d'autre. Définitivement rien d'autre.

Ce serait : « Le Carrossier, l'Entrepreneur de BTP et le Président. »

Promenade ce matin le long d'une route à côté des Baux-de-Provence. Comme d'habitude, ça continue, en moins bleu peut-être.

Nature plus riche que Paros. Luxuriante, diraient les connaisseurs.

Tout d'un coup, un couple. Une voiture rangée sur le côté. Ils donnent à manger à leur chien. Fermés au début. Un petit échange, chacun termine son projet.

Sur le chemin du retour, ils sont toujours là. On s'approche ; ils sont de Lyon. Échange sur l'animal. Ça rapproche. La femme a un doute, elle se dit qu'elle m'a déjà vu. Elle n'identifie pas du tout le nom. Un souvenir vague. Elle me demande de préciser, je m'exécute. Elle m'a vaguement vu à la télévision. Par contre, lui, jamais entendu parler. Il ne sait pas, mais alors pas du tout qui je suis. Il ne fait même pas d'efforts. Il est carrossier pas loin de Lyon. Je pensais qu'il était à son compte. En réalité, non, il est employé. Il attend la retraite ; ça fait trente-huit ans qu'il est carrossier. Aucune envie d'avoir son entreprise. Ils ont l'air bien tous les deux. Peut-être lui plus fermé. Moins ouvert qu'elle. C'est souvent le cas, les femmes sont plus ouvertes. On est reparti chacun de notre côté.

Le soir. Invitation par le couple qui tient le domaine de Manville. Un golf ultra-chic de 184 trous. Je dis ça au hasard, je n'ai jamais compris le nombre de trous. Malheureusement, je n'ai jamais joué au golf. L'endroit est somptueux. Un ancien mas de 1900 ; toujours très présent en Provence, le concept d'ancien mas. Somptueux, sublime. Pas solennel. Trente-huit chambres et neuf maisons individuelles. J'ai choisi la plus au nord pour écrire ce bouquin que je n'arriverai jamais à achever sans la présence précieuse de Vincent Trémolet.

Luxe. Calme et quasi-volupté. Voiturette pour les golfeurs et pour les habitants des maisons. Très importante la voiturette. Électrique.

Je me promène dans le domaine. À l'infini.

Donc, apéritif avec le couple. Très vite, j'ai provoqué la confidence globale. L'investissement immobilier, son montant. Je n'ai pas eu tous les détails, mais ça m'a semblé conséquent. À ce moment, un indigné accablerait ce couple, sa réussite, etc. Moi pas du tout. Je me renseigne pour savoir s'il y a eu de l'héritage. Les patrons de l'hôtel me disent qu'ils sont partis absolument de rien.

Ce qui m'impressionne et qui m'interroge, qui me fascine (et qui est pourtant complètement banal), c'est la différence avec le couple du matin, le carrossier.

Toujours aux Baux-de-Provence, 15 août 2015

Domaine de Manville

Jamais je n'aurais pu imaginer que je puisse nommer, comme lieu de travail, Les Baux-de-Provence.
Paros,
Ramatuelle,
Les Baux-de-Provence,
faut pas m'emmerder !

J'étais sur ce couple qui a créé cet hôtel. Le souvenir du carrossier dépressif. Et l'échange de SMS affectueux avec notre président de la République qui devait s'intégrer à la fable.
Singulière, la rencontre avec François Hollande. Première rencontre pendant *Knock* un dimanche après-midi dans un café près du théâtre. Il y a plus de dix ans. Ils étaient venus voir la pièce avec sa compagne et son ami Mignard, l'avocat je crois. Ils étaient venus sans prévenir, au dernier moment. Je

les salue. On boit un verre. François Hollande est curieux de cette pièce de Jules Romains. Il manifeste une curiosité pointue. Il est parfait. Pas une question bidon. Pas un compliment étrange (comme « Quelle mémoire ! » par exemple). Non, non, un homme qui parle et une femme qui se tient à côté, plutôt fond de cour. Elle, c'est Ségolène Royal ; elle est présente sans intervenir. Il me semble être le Patron. Mignard a l'air de l'admirer.

Pas de suite.

Rien à voir avec le candidat, à la pratique orale si étrange, découpant ses discours de manière si peu claire. Bon, peu importe.

Pas de suite.

Pas de gauche. Pas militant. Pessimiste. Fan de Schopenhauer. Pas acteur rebelle. Pathétiquement conservateur. Flottant idéologique. J'aurais adoré être de gauche mais, comme je l'ai déjà dit, écrasé par la grandeur et la difficulté du projet, bref, j'ai renoncé.

Pas de suite.

Revu plus tard. Trois ans après son élection. Confirmation de la Rumeur. Je le trouve vif, charmant et réellement fin et drôle. Pas « petites blagues ». Non, ce talent qu'ont souvent les stars, qui donnent l'impression qu'il y a de l'affect. Un ou deux dîners. Un déjeuner, c'est pauvre pour cerner. Mais très bonne impression. À l'aise, finalement, avec les gens pas obligatoirement de gauche. Par le père peut-être, radicalement de droite. Bref, pas complices idéologiquement mais je capte son aisance dans l'échange. Sa capacité d'écoute. Habité, pas mécanique. Sa curiosité. Très loin du « capitaine de pédalo » de Mélenchon.

Non, je m'interroge même pendant un massage dans l'hôtel, je reprends le fil de la journée. Le carrossier, les patrons du domaine... Je me demande ce qu'il pense, lui, Hollande ; je le visualise. Il marche pendant sa semaine de vacances. Évidemment, le carrossier et le directeur de ce domaine, ce n'est pas grand-chose par rapport au Mali ou à la sortie de la Grèce de l'Union européenne. L'ahurissante responsabilité de sa fonction. Mais quand même, c'est intéressant ce carrossier de Lyon qui avait accepté d'aller jusqu'à 64 ans pour la retraite. Il avait l'air de ne pas détester son boulot, le carrossier.

Ce couple s'était lancé à peu près au même âge dans cette entreprise hallucinante d'avoir cent trente employés, de faire venir tous les golfeurs anglais, américains ou qataris. Même âge sensiblement.

Aucun point commun.

Un carrossier dont l'existence m'est énigmatique. Bien entendu.

Un couple qui se lance dans un immense complexe hôtelier très haut de gamme au même âge. Qu'est-ce qui les rassemble ? Ces deux rencontres. Ils sont français. Ça n'a pas l'air de les ravir. Une

langue. Ils ne sont pas non plus hystériques de littérature. Qu'est-ce qui les réunit ? Ils ne se plaignent
pas vraiment. Ils vivent dans un très beau pays.
C'est peut-être ça qui les réunit. Un très beau pays.

Alors j'imagine le président de la République
marchant dans le Var. Il pense à son pays. À la
reprise. Aux industries. À la courbe du chômage.
À la prochaine élection. Sans doute qu'il pense réellement à quelque chose pour le pays. Je ne crois
pas, moi, à la thèse de leur cynisme. Il marche dans
le Var et il pense. À ce carrossier à qui il va falloir
dire que ce n'est plus 60 ans, la retraite. À ce
couple d'entrepreneurs qu'il va falloir convaincre
de ne pas s'en aller ailleurs où c'est moins taxé.
À ces millions de Français. À leur place dans ce mot
immonde de « mondialisation ».

Mais qu'est-ce qu'il pense François Hollande
dans le Var le 15 août ?

Chapitre 7

LE BÉRET DE ROLAND

Roland Barthes, pour ma génération, c'est le penseur, le seigneur, l'homme le plus adoré. Il a écrit sur Racine, sur Proust, c'est l'auteur du *Degré zéro de l'écriture* et de mon livre de chevet : *Fragments d'un discours amoureux*. Livre qui rencontre un très grand succès dès sa parution. Il ne faut pas croire non plus que c'est *Harry Potter*. En ventes fermes, on est loin de ce que feront Marc Levy ou Guillaume Musso, les gens ne partent pas à la plage en disant : « Je vais me faire le dernier Barthes », « Je vais dévorer *Fragments d'un discours amoureux* ». Mais Barthes, c'est notre Proust, notre Sartre !

L'un des premiers textes des *Fragments* s'appelle « Un petit point du nez » :

> Production brève, dans le champ amoureux, d'une contre-image de l'objet aimé. Au gré d'incidents infimes ou de traits ténus, le sujet

voit la bonne Image soudainement s'altérer et se renverser.

Qu'est-ce que ça veut dire « production brève, dans le champ amoureux, d'une contre-image de l'objet aimé » ? Ce qui est exemplaire, chez Barthes, c'est la tentative d'une sur-précision du senti, une formulation de la sensation, qui pourrait frôler la préciosité et qui pourrait provoquer l'irritation, et qui, par le biais du sensible, fait qu'il échappe à ces deux défauts.

Finalement, c'est le Barthes des *Fragments* qui m'enchante ; le sémiologue du *Degré zéro de l'écriture* n'est pas pour moi. Par contre, « production brève, dans le champ amoureux, d'une contre-image de l'objet aimé », « production », on sent une entreprise, quasiment une usine en pleine fabrication de ces petites manifestations qui vont provoquer l'ahurissement chez l'amoureux. Finalement, l'autre va dire une banalité, un truc bête ou vulgaire.

C'est toute l'adolescence que l'on trouve dans cet extrait du « Petit point du nez ». La déception. La désillusion :

> Sur la figure parfaite et comme embaumée de l'autre (tant elle me fascine), poursuit Barthes, j'aperçois tout à coup un point de corruption. Ce point est menu : un geste, un mot, un objet,

un vêtement, quelque chose d'insolite qui surgit (qui se pointe) d'une région que je n'avais jamais soupçonnée, et rattache brusquement l'objet aimé à un monde *plat*. L'autre serait-il vulgaire, lui dont j'encensais dévotement l'élégance et l'originalité ? Le voilà qui fait un geste par quoi se dévoile en lui une autre race. Je suis *ahuri* : j'entends un contre-rythme : quelque chose comme une syncope dans la belle phrase de l'être aimé, le bruit d'une déchirure dans l'enveloppe lisse de l'Image.

L'état dont parle Roland Barthes est l'état délirant, amoureux, fusionnel, immature. La dissection sentimentale continue :

Une fois, l'autre m'a dit, parlant de nous : « une relation de qualité » ; ce mot m'a été déplaisant : il venait brusquement du dehors, aplatissant la spécialité du rapport sous une formule conformiste. Bien souvent, c'est par le langage que l'autre s'altère.

Ce qui angoisse Barthes, au fond, c'est d'avoir honte de l'autre :

On dirait que l'altération de l'Image se produit lorsque *j'ai honte* pour l'autre (la peur de cette honte, au dire de Phèdre, retenait les amants grecs dans la voie du Bien, chacun devant surveiller sa propre image sous le regard de l'autre).

On l'aura compris, la succession de points sur le nez débouche en général sur la rupture. La personne n'est pas aussi sublime qu'on imagine. Il y a le fameux rendez-vous, la convocation atroce : « Faut qu'on se parle, je crois qu'on est plus sur la même longueur d'onde. » Le mec commence à paniquer, puis la nana. On peut imaginer les SMS : « Trop de points sur le nez. Impossible de cristalliser, de projeter. Arrête de me gonfler. »

Moi-même, j'ai connu tous ces états. J'étais amoureux d'une jeune fille à 15 ans. Tout était parfait. J'ai attendu trois semaines le rendez-vous, c'était devant les Galeries Lafayette. J'étais comme un fou. Je crois que je n'ai jamais plus ressenti cet état-là. J'ai traversé Montmartre et j'ai tout vécu ce que dit Barthes dans son bouquin : l'attente, l'angoisse. Elle est arrivée avec une écharpe effrayante qui ne révélait pas que du mauvais goût, qui révélait une forme de folie. J'ai rompu.

La rupture, Barthes l'appelle « agonie ».

Écoutons-le : « *Agonie : mot scientifique, angoisse.* » Il y a Proust à Cabourg en arrière-plan.

Le sujet amoureux, au gré de telle ou telle contingence, se sent emporté par la peur d'un danger, d'une blessure, d'un abandon, d'un revirement – sentiment qu'il exprime sous le nom d'*angoisse*.

Ce soir je suis revenu seul à l'hôtel ; l'autre a décidé de rentrer plus tard dans la nuit. Les angoisses sont déjà là, comme le poison préparé (la jalousie, l'abandon, l'inquiétude) ; elles attendent seulement qu'un peu de temps passe pour pouvoir décemment se déclarer. Je prends un livre et un somnifère, « calmement ». Le silence de ce grand hôtel est sonore, indifférent, idiot (ronron lointain des baignoires qui se vident) ; les meubles, les lampes sont stupides ; rien d'*amical* où se réchauffer [...]. L'angoisse monte ; j'en observe la progression, comme Socrate [...] sentait s'élever le froid de la ciguë.

Et puis il y a l'attente. L'attente, on l'a tous éprouvée, on connaît, c'est merveilleux. L'attente qui se transforme en lapin c'est l'angoisse. C'est *En attendant Godot*. « Qu'est-ce qu'on fait maintenant ? — On attend. — Oui, mais en attendant ? » Et c'est là qu'Estragon, un des deux personnages, dit : « Si on se pendait ? » Vladimir lui répond : « Ce serait un moyen de bander. » Ce qui achève de convaincre Estragon : « Pendons-nous tout de suite. » Mais, lorsqu'ils arrivent devant un arbre, Estragon dit que si « Gogo mort » alors « Didi seul » :

VLADIMIR

Je n'avais pas pensé à ça.

[...]
Alors, quoi faire ?

ESTRAGON

Ne faisons rien. C'est plus prudent.

Mais l'attente pleine d'espoir, c'est sublime. Chez Barthes, ça s'appelle « tumulte d'angoisse suscité par l'attente de l'être aimé ». Et là, devant nous, il déploie la scénographie de l'attente :

> Nous avons rendez-vous. J'attends. Dans le prologue, seul acteur de la pièce (et pour cause), je constate, j'enregistre le retard de l'autre ; ce retard n'est encore qu'une entité mathématique, computable (je regarde ma montre plusieurs fois) ; le Prologue finit sur un coup de tête : je décide de « me faire de la bile », je déclenche l'angoisse d'attente.

Barthes continue :

> « Suis-je amoureux ? — Oui, puisque j'attends. » L'autre, lui, n'attend jamais. Parfois je veux jouer à celui qui n'attend pas. J'essaye de m'occuper ailleurs, d'arriver en retard ; mais à ce jeu, je perds toujours. Quoi que je fasse, je me retrouve désœuvré, exact, voire en avance. L'identité fatale de l'amoureux n'est rien d'autre que : je suis celui qui attend.

C'est donc ce Barthes-là qui écrit de *Perceval le Gallois* : « Ce film que j'admire, ce film que

126

j'aime... » J'ai un chou énorme ! Je veux rencontrer Roland Barthes, je veux connaître Roland Barthes ! Je me débrouille pour prendre son adresse. Il habite rue Servandoni, petite rue qui part de la place Saint-Sulpice et qui va au Luxembourg. Je me précipite dans cette petite rue. J'arrive devant l'immeuble. La concierge m'empêche de rentrer : personne ne passe voir Roland Barthes. « Si vous voulez aller lui parler, allez le voir au Collège de France, il donne son cours le dimanche matin, comme Lévi-Strauss. » C'est une concierge très intello tout de même, mais on est dans le 6e à Saint-Sulpice.

Le cours de Roland Barthes, c'est le dimanche matin, comme la messe. Tous les gens nocturnes, les déséquilibrés, les riches, les pauvres y vont. Il y a les mecs du Palace, cette boîte de nuit légendaire. On y danse toute la nuit. C'est l'époque de *Saturday Night, Saturday Night*. On se dandine. On crie d'une voix aiguë : *Saturday Night*. À neuf heures du matin, il y a encore des gens sur la piste qui dansent sans musique. Je leur dis : « Qu'est-ce que tu fais ? »

Ils répondent : « J'attends le cours de Roland Barthes. »

Et là, ils vont tous vers le cours de Roland Barthes. Une procession de 1 300 personnes, on se croirait chez Mick Jagger. La queue jusqu'au boulevard Saint-Michel. Julia Kristeva avec des lunettes étonnantes. Moi, j'arrive, je rentre dans le Collège de France. Je marche. Il y a des corps étendus. Des beatniks, des hippies. Je m'assois : je suis au cours de Roland Barthes ! Il est là, costume en tweed et chaussures en daim. La première phrase que j'entends est la suivante : « Aujourd'hui, c'est le concept du *c'est ça*, le concept du temps qu'il fait. » Je vois 1 300 personnes écrire. J'ai appris plus tard que dans une boulangerie Roland Barthes a assisté à une conversation. La boulangère aurait dit : « Quel sale temps ! », la cliente aurait répondu : « C'est ça », et Barthes aurait fini par expliquer la météo comme « activité fortement socialisante ».

En une heure et demie, je ne comprends pas tout mais j'entends des phrases magnifiques dont la plus belle m'a anéanti : « Le classement, le classement, le pouvoir classer, la possibilité de classer est une activité fortement socialisante. » Je sens le grain de sa voix, lui qui a écrit comme Paul Valéry sur la beauté de la voix. Le cours est terminé. Je m'approche. J'essaye de lui parler. Il y a une queue énorme. Tous les plus grands psychiatres de Paris. On se croirait à Vienne. Il ne manque que Sigmund Freud. On attend trente minutes, trente-cinq minutes. Je m'approche du bureau. Je suis à un mètre du bureau, de la chaire de Roland Barthes :

— Monsieur Roland Barthes…
— Oui ?
— Vous avez dit du bien de *Perceval le Gallois*…
— Oui, je crois que l'époque n'a pas bien saisi le raffinement de ce film.

Je lui fais un geste pour dire que j'étais l'acteur…

— Vous êtes Perceval ?
— Oui, je suis Perceval.

Et là, il me dit :

— J'aimerais beaucoup parler avec vous. Quel est votre rapport au téléphone ?

Trente ans plus tard, dans une émission vulgaire, il y a une Miss France qui m'a donné en direct son numéro de téléphone. Tous les mecs en moto me disaient : « T'as son téléphone, tu vas la niquer ! »

Et là, je me suis souvenu de Roland Barthes qui se préoccupait de mon rapport au téléphone.

Si j'avais été cabot, j'aurais répondu : « Ambigu, Roland ! »

Mais j'ai répondu : « Normal, monsieur Barthes, hypernormal. »

Il prend un crayon, puis un papier. Il note sur la page son numéro de téléphone. Tout le Collège de France murmure : « Il a le téléphone de Roland Barthes. » Le papier arrive à ma main. Je le mets dans ma poche : « J'ai le téléphone de Roland Barthes ! »

Je n'ai jamais éprouvé une sensation comme ça. Je ne l'éprouverai plus jamais. Depuis, j'ai monté les marches à Cannes, j'ai fait soixante-quinze films, tout ça n'est rien. J'ai passé un mois et demi avec Alain Delon, c'est peu à côté du téléphone de Roland Barthes. Je quitte le Collège de France d'un pas conquérant. Un je-ne-sais-quoi de satisfait, de supérieur m'accompagne.

Trois semaines plus tard exactement. Le jour, l'heure, la minute à laquelle il m'a dit d'appeler, j'appelle. Il me répond : « Je vous attends. »

Je me précipite rue Servandoni, elle n'a pas bougé de place, elle part toujours de la place Saint-Sulpice et elle va toujours au jardin du Luxembourg. Je traverse la rue, je suis fébrile, la concierge me laisse rentrer. Je rentre, je monte les trois étages. Je frappe. La porte s'ouvre : Roland Barthes ! Roland Barthes !

Roland Barthes ! Pour comprendre, imaginez Arlette Laguiller face à Léon Trotski, ou Louis Jouvet devant Molière.

J'entre. Quelques bougies parfumées. Appartement d'un austère universitaire qui n'est pas compromis par le capital. Un appartement d'intello très haut de gamme. Simple. Pas une faute de goût. Rien d'ostentatoire. Quelques bougies parfumées comme seuls symboles d'excès. Un appartement sublime de simplicité. Je réalise, assez rapidement, que Roland Barthes, ce n'est pas un « fou des meufs ». Il ne m'accueille pas comme Jean Genet dans *Miracle de la rose* en me disant : « Assieds-toi sur ma bite et causons », mais je comprends très vite. J'ai les cheveux très longs. J'ai passé sept ans dans les salons de coiffure où les coiffeurs se regardaient dans la glace le matin en disant : « J'ai cent ans, c'est affreux. » Je connais cette confrérie.

Je m'assois sur une chaise. Je lui demande ce qu'il pense de la psychanalyse, du structuralisme, du matérialisme. Je lui demande ce qu'il pense de Guy Debord. Je l'accable de questions. À un moment, il me répond : « Fabrice, donnez-moi le droit de ne pas avoir d'opinion… »

Et là je fais un truc très étrange. Je lui dis : « Vous savez ce qu'il y a de génial chez vous, Roland ? » (Quel épisode de langage incroyable que de dire « Roland » à Roland Barthes) :

— Vous savez ce qu'il y a de génial chez vous, Roland ?

— Non.

— Levez-vous !

Il se lève. Je l'emmène dans l'entrée de son appartement. J'y avais repéré un portemanteau avec une veste et deux imperméables. Et sur cette veste avec les imperméables : un assez gros béret. Un béret qui m'a halluciné. Je me suis dit : « Pourquoi cet homme, ce grand raffiné a un béret, un béret de cette taille ? » Et là, au lieu d'être simple, je lui fais un truc délirant et je lui dis :

— Ça, Roland, ça monsieur Barthes, ça : ça fait sens !

Et là, il me répond :

— Quel sens ça fait ?

Et je lui dis :

— C'est dichotomique avec vous qui êtes le plus grand spécialiste de Proust, l'homme du Palace, de la mode. Quel signifiant pour ce béret ?

Il me répond :

— Mais, Fabrice, je suis basque.

Une évidence. Une platitude. J'ai fait dire à Roland Barthes « mais je suis basque ». Un truisme. Dans son appartement, je lui ai imposé un trafic associatif normal.

Retour à Paris, 18 août 2015

Gare d'Avignon TGV — 17 h 43

Croisé Olivier Besancenot et sa compagne. Apparemment, nous sommes dans le même train, mais la famille se dirige vers des compartiments très éloignés du mien. Échange très chaleureux avec Besancenot. Il est doux, sympathique, direct, fluide aussi (décidément). D'emblée, échange léger sur la question qui m'obsède : est-ce que l'épreuve de l'analyse l'éclaircirait sur sa détermination militante, Olivier Besancenot ? Première fois que je le croise. Je lui ai même fait une bise. Sorte de mini Marais dans cette gare absurde. Il le prend bien. Je scénarise la rencontre. Un gros réac qui rencontre un marxiste-léniniste, tout ça très détendu, convoquant même Daniel Bensaïd et l'hypothèse communiste développée par Alain Badiou. Tout ça sur le quai.

Le mot « hypothèse communiste » me fascine. Finie la propriété privée. L'individualisme. L'exploitation de l'homme par l'homme. Finie l'arrogance de la bourgeoisie. Finie la famille. Finies l'aliénation, l'horreur de l'injustice.

Épaté du chantier qui attend les révolutionnaires. Je glisse encore une fois le vieux Freud. Il n'est pas hostile, le Besancenot. Vraiment sympathique et vivant.

La famille est repartie dans son wagon. Je les ai trouvés assez beaux, comme ça, sur ce quai de gare d'Avignon.

Je me suis assis sur le quai avec ma compagne Emmanuelle et ma chienne Illia. J'ai repensé à l'hypothèse communiste de Badiou. Fasciné mais complètement fasciné par la tâche qui attend les révolutionnaires. Avec en prime peu d'exemples super réjouissants. Je veux bien que l'hypothèse communiste selon Badiou, ce soit finalement une idée neuve qui a à peine un siècle et que toutes les horreurs, les pogroms, les goulags, les destructions, les crimes et les millions de morts – qu'Alain Badiou reconnaît, d'ailleurs – ne doivent pas entraîner le rejet définitif de cette fameuse hypothèse communiste. C'est ce qu'il pense, Badiou. Plus nuancé, plus argumenté et plus pointu philosophiquement que ma pauvre caricature. Mais c'est comme ça qu'il voit les choses. Ça a même de l'écho, on m'a dit, aux États-Unis.

Moi, je suis mal placé ; l'idée qu'on détruise la propriété privée me produit un effroi, je dirais même une angoisse... Je ne vois pas quel autre sens à ma vie que d'avoir une maison où l'Autre ne rentre pas. C'est tellement fort que quand je vois un homme ouvrir la porte de sa baraque, même modeste, je sens qu'il veut la refermer très vite pour que, même par le regard, on ne rentre pas chez lui. Et je me dis en plus qu'il a raison de défendre jalousement son habitation. Car qui supporterait ses régressions, ses négligences, son désarroi, sa folie, sa libido ?

Et pour citer Nietzsche, en mesurant bien l'altitude qui est la sienne, et qui n'a rien à voir avec mes pensées de dernier homme, « l'art de fréquenter les humains repose essentiellement sur l'adresse avec laquelle on est capable d'accepter et de déglutir un repas dont la cuisine n'inspire aucune confiance. Si l'on arrive à table avec une faim de loup, tout va bien [...], mais on n'a pas cette fringale quand on veut ! Que le prochain, hélas, est dur à digérer ! »

Il est dément, ce Nietzsche !

Contrairement à Alain Badiou, en étant très conscient de mon insuffisance philosophique, je ne vois d'autre éden que la propriété privée, pour limiter la folie et la violence des hommes.

C'est à ça que je pensais quand Fleur Pellerin, ministre de la Culture, est venue me saluer. Elle était avec un monsieur de la mode qui avait énormément réussi. Pendant le voyage, j'ai évoqué le cinéaste Bruno Dumont et cité Chamfort (le moraliste, pas Alain) : « La plus perdue de toutes les journées est celle où l'on n'a pas ri. » Je ne peux pas dire que cela ait produit un retentissement excessif. Elle aussi a été charmante ; elle a même demandé à assister à la première de mon spectacle, *Poésie ?...* qui avait débuté en janvier.

Chapitre 8

CARTE OU PAS CARTE ?

Avec Jean-Pierre Marielle, pendant le tournage d'*Uranus*, le film de Claude Berri où jouaient aussi Michel Blanc, Gérard Depardieu et Philippe Noiret, nous parlions des nuits entières. Comme des amis. Marielle avait inventé un concept : la « carte ». La carte, c'est plus qu'un passeport. C'est une forme de protection. On peut dire que c'est une domination. C'est un baptême. Ça n'est pas le succès populaire, la carte, mais ça assure le succès critique. En un mot, t'as la carte ou t'as pas la carte ! *Libé* la donne, *Télérama* la confirme, *Les Inrocks* la prolongent.

Selon les règles établies par Marielle, un encarté peut encarter celui qui joue avec lui. Je m'explique : Pierre Dux, pas carte ; jouer chez Chéreau (grosse carte) avec Jane Birkin (très bonne carte) encarte Dux qui finit par avoir la carte. La carte, on tient des jours entiers dessus. L'un interroge, l'autre répond. Deneuve ? Carte. Rohmer ? Bonne carte. Truffaut ? Pas carte. Godard ? Énorme carte ! Benoît Jacquot ? Belle carte. Isabelle Huppert ? Carte gold. Après on fait les variations sur les peintres, les écrivains : Van Gogh ? Grosse carte. Proust ? Bonne carte. Manet ? Pas carte. Mallarmé ? Carte. Houellebecq ? Carte. Céline ? Très grande carte. Victor Hugo ? Pas carte. Anatole France ? Absence absolue de carte. Antonin Artaud ? Belle carte. Rimbaud ? Immense carte.

Il faut dire aussi que Rimbaud n'est pas seulement celui, d'après Cioran, qui « a émasculé la poésie pour un siècle. Voilà la condition des génies. Ils rendent impossible leur suite ». Il est aussi la névrose des comédiens. Cioran encore (bonne carte) : « Les comédiens détruisent le secret inavoué du poète. »

Avec Rimbaud, c'est une certitude. Ce n'est pas une pose. C'est un fait. L'exécution sonore d'une voix d'acteur sur le texte est évidemment le plus grand acte d'impureté. Et « Le Bateau ivre » est insaisissable. Les biographes racontent que Rimbaud l'avait dans la poche quand il est arrivé gare de l'Est. Il l'avait écrit quand il a appris qu'on l'avait invité à Paris. Il avait 17 ans. Verlaine est venu le chercher et l'a emmené chez lui, à Montmartre, rue Nicolet. Qu'a pensé Verlaine quand il a découvert sur des feuilles froissées : « Comme je descendais des Fleuves impassibles… » ?

Le comédien, lui, l'aborde comme une langue étrangère. On peut presque dire que « Le Bateau ivre », c'est du perse, du sanskrit. La phrase de Cioran « il faut interdire aux Français de dire le moindre vers », je la prends à mon compte et pour ce poème particulièrement. « Le Bateau ivre », je peux en témoigner, il m'a fallu une bonne année de travail pour l'approcher.

Les premiers jours, on ne sait pas ce que l'on dit. Authentiquement. On ne sait pas ce que l'on dit. On essaye déjà de trouver le phrasé en séparant dans un premier temps des blocs. Ces blocs ne sont pas faciles à séparer. Mais nous ne sommes pas chez Hugo. « Booz était couché de fatigue accablé ; / Il avait tous les jours travaillé dans son aire… » On comprend, ce sont des faits. Il n'y a qu'à suivre la grammaire et la sonorité pour qu'un sens évident s'impose.

Il n'y a pas de faits apparemment saisissables chez Rimbaud. Mais il y a des rythmes, donc, et des groupages. Pendant quelques mois, on a un travail de mémorisation, de groupage de mots et les groupages ne t'entraînent pas à un sens.

« Comme je descendais des Fleuves impassibles, Je ne me sentis plus guidé par les haleurs. » À force de répéter et de l'exécuter, les rythmes, la ponctuation, quelques silences apparaissent. Mais un problème reste entier : sa signification, son secret, en un mot son sens interne.

C'est ça, la singularité hallucinante de Rimbaud. Comme on ne comprend pas ses *Illuminations*, comme personne ne comprend, tout le monde s'est investi pour expliquer. Ce n'est même pas abscons comme Mallarmé, volontairement déconstruit comme les surréalistes. C'est impénétrable. Le phénomène Rimbaud est donc devenu aussi un phénomène bibliographique. On a écrit sur lui comme sur Jules César, Jésus, Napoléon. On est allé en Abyssinie sur les traces du voyageur. C'est horrible, l'Abyssinie. Il a été dans le pire trou, Rimbaud. L'Abyssinie, c'est froid la nuit, chaud le jour. Il y avait des chameaux, des voleurs partout, des grosses roches hostiles.

Un phénomène bibliographique, donc. Universitaires, psychiatres, mystiques : des dizaines de milliers de livres sur Rimbaud. Ouvrons André Dhôtel : « La pensée de Rimbaud semble remonter à l'origine d'un problème qui hante la pensée moderne. » C'est du costaud. Mais plus on avance dans la critique explicative, et moins on comprend.

Il faut reconnaître qu'il concentre énormément d'interrogations : la malédiction, l'homosexualité, l'incompréhension. On songe à Nietzsche : « Je n'écris pas pour être compris, j'écris pour tenir à distance. »

Il y a une correspondance entre Nietzsche et Rimbaud. Nietzsche :

> Il y a une sauvagerie parfaitement peau-rougesque, particulière au sang indien, dans la façon dont les Américains aspirent à l'or ; et leur frénésie de travail – le vrai vice du nouveau monde – commence déjà à ensauvager par contagion la vieille Europe en y décimant d'étrange sorte la pensée. On a maintenant honte du repos ; on éprouverait presque un remords à méditer. On pense, montre en main, tout de même qu'on déjeune, un œil sur le courrier de la Bourse [...]. « Mieux vaut agir que ne rien faire », voilà encore un de ces principes chargés à balle qui risque de porter le coup de grâce à toute culture supérieure, à toute suprématie du goût. Cette frénésie du travail sonne le glas de toute forme ; pis, elle enterre le sentiment même de cette forme, le sens mélodique du mouvement ; on devient aveugle et sourd à toutes ses harmonies. [...] On manque de temps, on manque de force à consacrer à la cérémonie, au détour de la courtoisie, à l'esprit de conversation [...]. Parce que la vie devenue chasse au gain [...]. La véritable vertu consiste maintenant à faire une chose plus vite qu'un autre.

Rimbaud, *Une saison en enfer* :

La main à plume vaut la main à charrue. – Quel siècle à mains ! – Je n'aurai jamais ma main.

Nietzsche, *Le Gai Savoir* :

On ne saurait être l'homme de sa spécialité que si l'on est aussi sa victime : c'est le prix.

Très bon, le rapprochement Rimbaud-Nietzsche !

À ce niveau d'incompréhension de Rimbaud, je ne suis l'homme d'aucune spécialité, d'aucun métier. Pas connaisseur, pas pointu : je suis le néophyte, le couillon. J'ai des impressions.

Non pas que je pense comme Nietzsche :

Dans le livre d'un savant on trouve presque toujours quelque chose d'oppressé qui oppresse ; on y rencontre fatalement à un tournant ou à un autre le « spécialiste » avec son zèle, son sérieux, son courroux, sa pompeuse opinion du recoin où il rêvasse, assis sur son derrière ; sa bosse enfin – car tout spécialiste a la sienne. Le livre d'un savant reflète toujours une âme bossue.

J'admire les savants, mais je suis venu à Rimbaud par hasard et devant « Le Bateau ivre » je suis comme le visiteur amateur devant un chef-d'œuvre de la peinture.

« Comme je descendais des Fleuves impassibles », au sens littéral, c'est quoi ? Une forme un peu

sophistiquée. Quels sont ces fleuves ? On les rac-
croche, malgré tout, à du réel, on sait qu'il a rêvé
à 15 ans dans des rivières. C'est tout. Il n'en dira
pas plus, il ne dira pas le secret. Rimbaud est
odieux. Il aura fallu quinze jours pour que la
femme de Verlaine le mette dehors. Un an plus
tard, les poètes parisiens feront de même. Tout
est aristocratique chez Rimbaud : c'est un antipathique. Il n'a aucune volonté de donner accès à
sa poésie. Il se tient à distance. C'est un solitaire.
Écoutons-le :

> Depuis longtemps je me vantais de posséder
> tous les paysages possibles, et trouvais dérisoires
> les célébrités de la peinture et de la poésie
> moderne.
>
> J'aimais les peintures idiotes, dessus de portes,
> décors, toiles de saltimbanques, enseignes, enlu-
> minures populaires ; la littérature démodée, latin
> d'église, livres érotiques sans orthographe,
> romans de nos aïeules, contes de fées, petits livres
> de l'enfance, opéras vieux, refrains niais, rythmes
> naïfs.

Il poursuit :

> Je rêvais croisades, voyages de découvertes
> dont on n'a pas de relations, républiques sans
> histoires, guerres de religion étouffées, révolu-
> tions de mœurs, déplacements de races et de
> continents : je croyais à tous les enchantements.

J'inventai la couleur des voyelles ! – *A noir,
E blanc, I rouge, O bleu, U vert*. – Je réglai la
forme et le mouvement de chaque consonne, et,
avec des rythmes instinctifs, je me flattai d'inventer un verbe poétique accessible, un jour ou
l'autre, à tous les sens. Je réservais la traduction.

Ce fut d'abord une étude. J'écrivais des
silences, des nuits, je notais l'inexprimable. Je
fixais des vertiges.

« Le passage d'Arthur Rimbaud est une des
aventures les plus extraordinaires qui soient arri-
vées à l'humanité », dit Jacques Rivière, l'un des
papes de la NRF. En effet, Rimbaud, c'est une
aventure extraordinaire. Au départ, pourtant,
Rimbaud est un très bon élève. Tout est dans
l'ordre. Les premiers poèmes, ceux qu'il écrit entre
14 et 17 ans, restent sages. C'est charmant.
Influencé par Hugo et par Musset. Ça coule de
source :

Elle était fort déshabillée
Et de grands arbres indiscrets
Aux vitres jetaient leur feuillée...

On voit les arbres entrer dans la chambre.

« Assise [...] Mi-nue... » C'est un croquis d'une
femme à poil sur un tabouret. Il y a un rayon de
soleil buissonnier.

« Je baisai ses fines chevilles. » C'est limpide,
absolument intelligible mais ça ne dure pas.

Ne jouons pas les snobs pourtant. C'est déjà très haut de gamme, ces premiers poèmes !

« Roman » :

> On n'est pas sérieux, quand on a dix-sept ans.
> — Un beau soir, foin des bocks et de la limonade…

Avec « Sensation », c'est pareil :

> Par les soirs bleus d'été, j'irai dans les sentiers,
> Picoté par les blés, fouler l'herbe menue :
> Rêveur, j'en sentirai la fraîcheur à mes pieds.
> Je laisserai le vent baigner ma tête nue.

Ça nous change de la cosmogonie proposée par notre société : apéro festif en fin de journée à Biarritz. Cette répugnante activité que la publicité incarne. « Par les soirs bleus d'été, j'irai dans les sentiers. » C'est autre chose que ces images où les gens sont très épanouis mais toujours avec des chips, toujours avec des femmes qui ont des corps déments, et où tout le monde est en groupe. Jamais une pub avec un mec seul, ou alors avec une bagnole au milieu !

« Picoté par les blés, fouler l'herbe menue. » Il n'aime pas les groupes, Rimbaud. On est à l'inverse de notre époque de sursociabilité. Nous, nous voulons communiquer avec le monde entier sauf avec notre voisin. Le voisin est considéré comme un gros paquet de merde et on ne lui dit même pas bonjour. Maintenant, on entre dans le train et on a plus un, mais quatre appareils avec nous : portable de boulot, portable privé, tablette, casque. Le voisin direct qui pourrait être le miracle n'a même pas droit à un regard.

J'y reviens : les images publicitaires de notre société ce sont toujours des états de joie en fin d'été. Avec Rimbaud, le travail est plus modeste : « Picoté par les blés, fouler l'herbe menue : / Rêveur, j'en sentirai la fraîcheur à mes pieds. » Notre société, c'est des camarades partout, toujours ensemble. Jamais seul. Rimbaud, c'est le solitaire qui n'est pas dépressif : « Je laisserai le vent baigner ma tête nue. » Il est capable d'une promenade panthéiste et mystique. Il est en fusion cosmique. Voilà le projet qui est le sien à 14 ans.

Trois ans plus tard, avec « Les Assis », on passe des impressionnistes à Goya. « Et leur membre s'agace à des barbes d'épis » : au dernier vers des « Assis » il décroche. Il n'en a plus rien à foutre qu'on comprenne quoi que ce soit. Dès que le génie sort, ça ne l'intéresse plus. Les sensations deviennent obscures. Il traîne Verlaine de beuveries en débauches. Les femmes des premiers poèmes laissent place au « jeune homme dont l'œil est brillant, la peau brune, / Le beau corps de vingt ans qui devrait aller nu ». Le jeune homme « fier de ses premiers entêtements » se détourne des femmes. « Mais, ô Femme, monceau d'entrailles, pitié douce, / Tu n'es jamais la Sœur de charité, jamais. » Et Rimbaud « sent marcher sur lui d'atroces solitudes ». Verlaine et Rimbaud errent comme deux pochards connaissant, comme l'écrit Mallarmé, « une orgiaque misère, humant la libre fumée de charbon, ivre de réciprocité ». Une épopée pitoyable. Le malheur est leur Dieu. Ça donnera *Une saison en enfer*.

« Comme je descendais des Fleuves impassibles... » On apprend ça aux gosses à l'école. Ils n'y comprennent rien. Les adultes non plus. L'acteur encore moins. Je ne comprends pas, alors j'essaye de phraser. Les mots de Madeleine Robinson me hantent : « Jouer la comédie, ça n'est pas que ce n'est pas facile, c'est impossible. » J'ajoute : « Dire des textes, c'est impossible. » Maintenant que je sais que c'est impossible, je m'amuse de ce projet impossible. J'essaye de ne pas trop débaucher, surcharger, imposer mon lyrisme au chant propre du poète. J'essaie, j'essaie... Comment être sûr d'être dans la couleur ?

La poésie est un chant mais le compositeur n'a laissé ni partition, ni indication. Nulle part n'est indiqué où sont les notes noires et blanches. Rimbaud fait mine de le faire, « A noir, E blanc », mais c'est un délire. Où sont les blanches, les noires, les croches ?

J'en suis venu, hélas, écrit Paul Valéry, à comparer ces paroles par lesquelles on traverse si lestement l'espace d'une pensée à des planches légères jetées sur un abîme, qui souffrent le passage et point la station. L'homme en vif mouvement les emprunte et se sauve ; mais qu'il insiste le moins du monde, ce peu de temps les rompt et tout s'en va dans les profondeurs.

La vérité est que les universitaires dissertent et les « diseurs de profession » massacrent les textes. Les grands universitaires peuvent éclairer le texte de leur science mais l'exécutant ne peut pas être comme eux. Ce n'est pas par racisme, mais l'exécutant doit être bête. Que faire ?

La voix s'agrippe où elle peut. D'abord, il y a une attaque. L'attaque c'est « Comme ». Puis « des Fleuves impassibles ». J'ai mis du temps à comprendre qu'il fallait l'attaquer haut, « Le Bateau ivre ». Je cherche l'humeur réelle. Il faudrait que la partition s'intègre en moi pour que Rimbaud, chaque soir, surgisse. Les premières fois on l'aborde avec force et puis on comprend, avec le temps, le souci formel presque racinien. Racine revient plusieurs fois dans « Le Bateau ivre ». Souvenez-vous, Racine, selon Rimbaud, est le premier voyant.

Je ne me sentis plus guidé par les haleurs…

Les haleurs ! Il ne nous aide pas. Les haleurs, c'est les halos qu'il y a le long des rivières. Ces lumières qui éclairent le navigateur. Ce n'est pas évident, mais il considère qu'on doit le savoir. Les haleurs ? Ce sont les lumières d'autrefois, les grands écrivains qu'évoque Baudelaire dans son poème « Les Phares », les maîtres anciens. Il leur tourne le dos. Il ne veut plus les entendre, c'est la liquidation de l'héritage.

Des Peaux-Rouges criards les avaient pris pour cibles…

La gigantesque arrogance de Rimbaud reprend ses droits. « Des Peaux-Rouges criards ? », il ne fait aucun effort pour être compris. C'est même l'inverse. Tout est fait pour que le lecteur se perde. Mais les Peaux-Rouges, c'est son inconscient agressif qui prime sur le reste, le monde ancien qu'il cloue définitivement.

Les ayant cloués nus aux poteaux de couleurs…

Première hallucination. « Les ayant cloués nus aux poteaux de couleurs. » Ceux qui ne comprennent rien se consolent en disant que c'est musical. Ce n'est pas musical, Rimbaud. « Comme c'est musical ! » me dit-on souvent en arrivant dans ma loge. Non ! Ce n'est pas musical, c'est autre chose : une autre émotion.

Continuons :

J'étais insoucieux de tous les équipages…

Ça y est on est perdu, on se contente d'accumuler des bruits et des sonorités. Le comédien est complètement démuni. Aucune prise pour se raccrocher à la rationalité. Alors il cherche les branches qu'il peut attraper.

> Porteur de blés flamands ou de cotons anglais [...]
> Les Fleuves m'ont laissé descendre où je voulais.

Ouf ! On retrouve une forme de sens. Il y a de l'adolescence, il y a de la liberté, on respire.

> Dans les clapotements furieux des marées...

On descend doucement avec lui.

> [...] Et les Péninsules démarrées
> N'ont pas subi tohu-bohus plus triomphants.

« Tohu-bohus », c'est un peu plus sophistiqué. Mais on suit quand même. Et puis...

> La tempête a béni mes éveils maritimes...

« La tempête a béni mes éveils maritimes ! » D'un trait, c'est du Pink Floyd, sous LSD. Un trip. Il est sous acide, comme un chanteur des années 1960, le Rimbaud. On dirait une pochette de disque. Ainsi, dans *Une saison en enfer* :

> Je voyais très franchement une mosquée à la place d'une usine, une école de tambours faite par des anges, des calèches sur les routes du ciel, un salon au fond d'un lac.

Mais revenons au « Bateau ivre » :

Plus léger qu'un bouchon j'ai dansé sur les flots.

Il flotte, petit bonhomme dans la mer infinie, et l'on plonge de nouveau dans l'obscurité :

Dix nuits, sans regretter l'œil niais des falots !

Quatre strophes où on n'a pas compris grand-chose, mais subsiste une certitude : il est impossible de dire Rimbaud. Baudelaire, oui. « Spleen », par exemple :

J'ai plus de souvenirs que si j'avais mille ans.
Un gros meuble à tiroirs encombré de bilans,
De vers, de billets doux, de procès, de romances,
Avec de lourds cheveux roulés dans des quittances,
Cache moins de secrets que mon triste cerveau...

« Baudelaire est le premier voyant roi des poètes, un vrai dieu », écrivait Rimbaud. Avant d'ajouter : « La forme si vantée en lui est mesquine. » Il a 17 ans. Dix-sept ans, et il trouve mesquine la forme du plus grand poète vivant ! « Sa forme est mesquine ! » : on n'est pas dans la conversation connivente, la séance d'admiration collective, la grande famille de la littérature. En 1870, on a un avis ! Passons.

Baudelaire, oui, on peut, mais Rimbaud, si tu te contentes de restituer le signifiant et que tu n'atteins pas son signifié, c'est raté. Que serait son signifié ? Son humeur. Jouvet écrit qu'une phrase est « avant tout un état à atteindre ». Sans atteindre cet état, tu ajoutes à la mort de l'imprimé la mort de ton interprétation. Tout ça, encore une fois, est organique. C'est du nerf, du muscle. La flèche est tirée avec la force musculaire et elle est lâchée : quand elle arrive au but, ça s'appelle la « phrase ».

Et là, ça reprend :

Plus douce qu'aux enfants la chair des pommes sures…

Une sensation.

L'eau verte pénétra ma coque de sapin…

Ça tangue.

Et des taches de vins bleus et des vomissures
Me lava…

On est paumés.

Et dès lors, je me suis baigné dans le Poème
De la Mer, infusé d'astres, et lactescent.
[…]
Où, teignant tout à coup les bleuités, délires
Et rythmes lents sous les rutilements du jour…

L'acteur qui dit ça ne sait pas de quoi il parle. Il peut mentir, prendre des airs mais « teignant tout à coup les bleuités », il ne sait plus de quoi il parle. Ces mots sont ceux d'un fou :

Ma santé fut menacée, écrit Rimbaud en 1870. Je disais adieu au monde dans d'espèces de romances.

Et puis vient la rupture. Là où commence vraiment le poème :

Je sais les cieux crevant en éclairs...

Comment le dire ? Agressif, limpide, serein ? Comment le dire ?

« Et les trombes et les ressacs et les courants : je sais... »

Il y a là une propulsion d'humeur, un acte d'autorité qui est peut-être le secret mystérieux du bateau ivre.

... je sais le soir,
L'aube exaltée ainsi qu'un peuple de colombes...

Ce n'est pas calme, c'est plus véhément. Il faut désormais des « trombes » et des « ressacs ». Pas de la musique de chambre, mais la philharmonie.

Et j'ai vu quelquefois ce que l'homme a cru voir !

Léautaud trouvait ce vers fabriqué. Fabriqué ! Il devrait baisser d'un ton Léautaud devant Rimbaud. Fabriqué... « Et j'ai vu quelquefois ce que l'homme a cru voir ! » Je poursuis :

J'ai vu le soleil bas, taché d'horreurs mystiques,
Illuminant de longs figements violets,
[...]
J'ai rêvé la nuit verte aux neiges éblouies...

L'exécutant cherche des notes, essaye de les trouver et tâtonne dans une obscurité totale. « J'ai

153

rêvé la nuit verte aux neiges éblouies. » Je dois résoudre le problème des spectateurs qui sont à vingt mètres et qui ne savent plus où ils sont. Ils cherchent avec moi.

J'ai heurté, savez-vous, d'incroyables Florides...

Florides, l'esprit s'empare de nos pauvres références : soleil, maillot de bain, bimbos américaines qui boivent du milk-shake. Séries télé.

Mêlant aux fleurs des yeux de panthères à peaux
D'hommes !...

Nouvel égarement. Et puis le Niagara : « Des écroulements d'eau », tu n'as qu'à te laisser aller, c'est du Beethoven... « Cataractant »... Ça y est, il nous aide, il nous aide, il nous aide, l'enculé. On y est. « Glaciers », vas-y, « soleils d'argent », vas-y, « cieux de braises », encore...

J'aurais voulu montrer aux enfants ces dorades
Du flot bleu...

« Ces dorades du flot bleu. » Silence. « Ces poissons d'or, ces poissons chantants... » Là, c'est facile, c'est calme. Puis il se fait racinien : « Et d'ineffables vents m'ont ailé par instants. » Très formel, le Rimbaud, très classique, le Rimbaud. Il parle comme Racine : « Le dessein en est pris, je pars, cher Théramène, / Et quitte le séjour de l'aimable Trézène. » « Et d'ineffables vents m'ont ailé par instants. » Tout ça appartient à la même famille.

Je remonte à bord :

Or moi, bateau perdu sous les cheveux des anses,
Jeté par l'ouragan dans l'éther sans oiseau…

Poésie pure : « lichens de soleil », « morves d'azur », « hippocampes noirs »…

Quand les juillets faisaient crouler à coups de triques…

On voit Brel et son plat pays.

Je regrette l'Europe aux anciens parapets !

La nostalgie et le voyant toujours :

J'ai vu des archipels sidéraux ! et des îles
Dont les cieux délirants sont ouverts au vogueur
[…]
Mais, vrai, j'ai trop pleuré ! Les Aubes sont
   navrantes,
Toute lune est atroce et tout soleil amer
[…]
Si je désire une eau d'Europe, c'est la flache…

« La flache ? » T'es bien emmerdé. Alors, pour essayer quand même, tu cherches dans les livres. Les érudits ne te renseignent pas sur la diction, mais ils t'ouvrent des portes. « Flache » en patois des Ardennes veut dire « flaque d'eau ». La flache ! Il aurait pu dire la flaque, merde ! Là, il y a quelque chose non pas de poseur mais de vrai casse-couilles chez Rimbaud. Tu sors de douze minutes d'hallucinations pour arriver à « si je désire une eau d'Europe, c'est la flache ».

Noire et froide où vers le crépuscule embaumé
Un enfant accroupi plein de tristesses, lâche
Un bateau frêle comme un papillon de mai.

On retrouve Fabrice à Montmartre et son bateau de papier.

Je ne puis plus, baigné de vos langueurs, ô lames,
Enlever leur sillage aux porteurs de cotons…

Il s'éloigne, on le perd…

Ni traverser l'orgueil des drapeaux et des flammes,
Ni nager sous les yeux horribles des pontons.

Quelle diction avec Rimbaud ? Tous les jours je la cherche. J'ai mis cent représentations à dire passablement « Le Bateau ivre ». De grands acteurs s'y sont fracassés. Certains l'ont dit avec un concept d'enthousiasme. Moi, j'ai compris que c'était simplement hallucinatoire. Après toutes ces représentations, pourtant, je le répète : c'est impossible de dire des vers.

Pourtant, j'ai eu l'idée de construire un spectacle autour du « Bateau ivre ». Elle m'est venue après l'avoir récité dans un taxi. Je hurlais les strophes de Rimbaud et la voiture tanguait sur les boulevards impassibles. Les deux-roues, agressifs, jaloux, haineux, nous avaient pris pour cible. Le chauffeur était d'origine marocaine. Quand j'ai fini, il s'est arrêté, s'est retourné vers moi et m'a dit : « Vous pouvez recommencer ? C'est magnifique, mais je n'ai rien compris. — Ne vous inquiétez pas, moi non plus, je lui ai répondu, mais cela n'a aucune importance. »

Ambleteuse, 26 août 2015

Troisième jour de tournage du film
de Bruno Dumont

   Inconfortable, plutôt assez malheureux. Le metteur en scène d'abord. Froid. Distant.
   Incroyable d'être aussi peu dans le relationnel, pas dans le rapport à un point qui devient suspect. Je m'en fous. Il y a chez lui une haine de l'être et une passion de la composition.
   Toute mon énergie d'acteur va vers la recherche d'une note musicale ou d'une nuance. Toute sa recherche va vers la haine du naturalisme.

Ambleteuse, 27 août 2015

Quatrième jour de tournage

Comme d'habitude, l'attente.
La loge.
Savoir apprendre à accepter cette attente. Elle est presque le rythme d'un tournage de cinéma.
La caravane. Très importante, au cinéma, l'idée de la caravane. La caravane où on attend. L'attente. Matériau substantiel d'un tournage de film. On attend la pluie, on attend la fin du dernier plan.
Attente.
Mais contrairement à l'attente amoureuse, l'attente sur un film n'a pas d'objet réconfortant.
On attend de finir la scène. On attend qu'il ne pleuve plus. On attend que le soleil soit moins violent. On attend de finir ce qui a commencé.
La veille, découverte de Valeria Bruni Tedeschi. Drôle. Dense. Une douleur qui invente plein d'heureux stratagèmes pour supporter la vie.

Vaillante Valeria. Complètement décalée et dépositaire d'une structure solide.

Elle hérite de l'Italie et certainement de ce que l'aristocratie italienne fait de mieux. Elle flotte. Elle sourit. Mais comme tout le monde, son rendez-vous intime doit être délicat.

Arrivée de Juliette Binoche, élégante, directe, hyperprofessionnelle. Pas encore joué avec elle, je pressens une vraie camarade de jeu…

Chapitre 9

L'Occident s'achève en bermuda

« Un bataillon d'agents de développement du patrimoine ouvre la marche… » Ça ne devait être qu'une lecture, un soir, à la Maison des écrivains. Une forme de réunion secrète, quelque chose entre les premiers chrétiens des catacombes et les défenseurs acharnés de la conversation, du détour, d'une forme d'esprit. Il ne devait pas y avoir plus de deux cents personnes. Pour eux, Philippe Muray, écrivain récemment disparu (nous étions en 2010 et l'auteur des *Exorcismes spirituels* était mort depuis quatre ans, à l'âge de 60 ans) n'était pas seulement le spécialiste de Rubens, du XIXe siècle français, de Céline, mais une sorte de maître de dissidence, de professeur d'anarchisme, de pape des antimodernes. Certaines de ses formules : « Nous sommes enfermés dans la cage aux phobes »,

« L'Occident s'achève en bermuda », « Les mutins de Panurge » étaient déjà célèbres. Mais je ne partageais ni la connaissance de ce public, ni sa passion exclusive. Je connaissais un peu ses textes, il m'arrivait de le lire. C'est l'épouse de Muray qui m'avait appelé pour me demander cette lecture unique. J'avais dit oui.

Un bataillon d'agents de développement du patrimoine ouvre la marche, suivi presque aussitôt par un peloton d'accompagnateurs de détenus.

J'entame un premier texte inspiré à Muray par les emplois jeunes créés par Martine Aubry quand elle était ministre du Travail de Lionel Jospin.

Puis arrivent, en rangs serrés, des compagnies d'agents de gestion locative, d'agents polyvalents, d'agents d'ambiance, d'adjoints de sécurité, de coordinateurs petite enfance, d'agents d'entretien des espaces naturels, d'agents de médiation, d'aides-éducateurs en temps périscolaire, d'agents d'accueil des victimes et j'en passe. Ferme le cortège un petit groupe hilare d'accompagnateurs de personnes dépendantes placées en institution.

En quelques lignes, je mesure la possibilité théâtrale de Muray et sa disposition à l'oralité. Je sens qu'il y a là un matériau, que je peux le théâtraliser. Il n'y a qu'à continuer pour faire apparaître sur la scène cette « *Job Pride* » qui défile dans les rues de Paris :

> Vers le ciel d'azur, s'envolent des ballons. Un camion-grue déguisé en sapin de Noël s'élance en grondant. La foule massée des deux côtés de l'avenue applaudit sauvagement. Le monde retrouve enfin sa base. Le patrimoine est rassuré. La petite enfance respire. Les personnes dépendantes placées en institution se congratulent. Les détenus ne sont pas en reste. Les espaces naturels non plus. Ni les pays émergents. On déchaîne les fumigènes. Le tissu social en cours de réparation frémit d'aise. [...] L'opinion publique [...] attend que les responsables politiques et économiques *montrent leur volonté de se mobiliser contre le chômage et leur capacité d'innover au-delà des modes de pensée traditionnels et des discours convenus.* Tout le monde, par ailleurs, sait qu'il est urgent d'*explorer de nouvelles pistes* et de *faire émerger de nouveaux besoins* encore mal satisfaits parce que mal définis dans la mesure où les *attentes des consommateurs* sont encore *mal cernées* [...].

C'est par l'accumulation de détails que Muray emporte le lecteur avec lui. Dans ce même texte, on arrive à une conférence sur l'emploi et là c'est du génie. En quelques lignes, il saisit la folie des nominations des métiers. Et puis vient la rupture. Le moment où le chroniqueur du temps montre toute sa férocité, son scepticisme absolu, cette forme voltairienne de l'esprit qui ne laisse rien derrière lui :

Qu'est-ce que ça peut être, le comportement d'un type en train d'aiguiller des familles ou de faciliter un décloisonnement ? Et qu'est-ce que c'est un facilitateur de décloisonnement qui ne fait pas bien son boulot ? Ça s'attrape par quel bout ? Et un coordinateur petite enfance qui tire au flanc ? Un agent de médiation qui bâcle ? Un accompagnateur de personnes dépendantes placées en institution qui cochonne le travail ? Un développeur du patrimoine qui sabote ? Est-ce qu'il est possible de se révéler mauvais comme agent d'ambiance ? Médiocre accompagnateur de détenus ? Détestable facilitateur de réinsertion à la sortie de l'hôpital ?

Et la question définitive :

Et que se passe-t-il, en vérité, quand un agent d'ambiance se met en grève ?

De ce texte comme de ceux qui suivirent ce soir-là j'ai construit un spectacle. J'ai joué Muray au Théâtre de l'Atelier des centaines de fois devant des salles toujours pleines. Abonnés de *Télérama*, lecteurs du *Fig Mag*, bobos à Vélib', curé en soutane, khâgneux tourmentés, festifs enthousiastes. C'était « Muray pour tous » dans un formidable malentendu.

Était-ce la notoriété, la mode ou la doxa du rire, ou la mécanique du ricanement ? Manifestement, le succès du Muray était un malentendu. À la sortie du théâtre les gens disaient : « Mais c'est quand même bizarre, c'est sympa de faire la fête. » Ils se sentaient mis en cause.

Muray n'est ni un doctrinaire, ni un militant. En faire un casse-couilles de droite qui veut revenir au monde d'avant, c'est l'alourdir d'une intention qu'il n'a jamais eue. Muray, c'est un écrivain qui pensait que son époque rendait le roman impossible. Il s'est vengé sur elle. Lui, qui considérait toutes les époques comme irrespirables, s'est fait le chroniqueur d'un temps irrespirable. La matière était là, disponible, il n'y avait qu'à la ramasser à pleine main.

Que nous dit Muray ? Il nous dit que notre époque *s'exprime* par ses fêtes. Si Muray critique le festif, nous sommes d'accord, ce n'est pas parce qu'il n'aime pas les fêtes. Ce n'est pas un raseur. Il lutte simplement contre un comportement imposé, il montre que le « festif » abrite une sorte de système totalitaire. Non pas parce que ce n'est pas bien que les gens s'éclatent mais parce qu'il éteint toute individualité, il éteint toute analyse négative du réel, il éteint toute problématique de souffrance. Il évacue le tragique de l'existence, empêchant ainsi toute littérature. Il transforme le réel en une grande fête insaisissable, indéfinissable.

La comédie humaine est déshumanisée puisqu'elle est perpétuellement connectée et souriante.

Petite parenthèse. On a assisté à une étonnante métamorphose en quarante ans. À la sortie de Mai-68, celui qui prenait un verre de vin rouge était vécu comme un prolo et pas un prolo qu'il faut sauver mais un prolo qu'il fallait faire disparaître. L'alcool était vulgaire. Les gens fumaient du shit. On se promenait dans Formentera avec des djellabas blanches. On écoutait les Pink Floyd et Jimi Hendrix et dès qu'on se rencontrait on s'arrêtait comme des disciples de Jésus sous un olivier. On roulait un grand joint et sans se connaître on partageait un moment où les sens se développaient. Dans les années 1970, un mec aurait dit : « Donne-moi un petit bourgogne », on aurait répondu : « Mais qu'est-ce que c'est que ce beauf ? » On voulait des thés à la menthe, des joints, des promenades, mais un bourgogne avec un jambon cru espagnol c'était le summum de la ringardise.

Le déambulant approbatif s'épanouit dans le produit frais, dans la petite auberge. Il fait quinze kilomètres pour trouver le bon fromager. L'idée d'aller faire vingt bornes pour trouver le bon fromager nous serait apparue complètement absurde ! Mais, si l'on objective les choses, il est naturel que le bobo ne comprenne pas ce qu'on lui reproche.

Il n'embête personne. Il fait monter l'immobilier. Il restaure des quartiers entiers.

Muray n'est pas un théoricien – écoutons son irrésistible poème, « Tombeau pour une touriste innocente », sur la touriste blonde, qui illustre assez bien et de manière ludique son univers :

Rien n'est jamais plus beau qu'une touriste blonde
Qu'interviewent des télés nipponnes ou bavaroises
Juste avant que sa tête dans la jungle ne tombe
Sous la hache d'un pirate aux façons très courtoises

Elle était bête et triste et crédule et confiante
Elle n'avait du monde qu'une vision rassurante
Elle se figurait que dans toutes les régions
Règne le sacro-saint principe de précaution

Point de lieu à la ronde qui ne fût excursion
Rien ici ou là-bas qui ne fût évasion
Pour elle les pays étaient terres de passion
Et de révélation et de consolation

Pour elle les pays étaient terres de loisirs
Pour elle les pays n'étaient que communion
On en avait banni les dernières séditions
Pour elle toutes les terres étaient terres de plaisir

Pour elle les nations étaient lieux d'élection
Pour elle les nations n'étaient que distraction
Pour elle les nations étaient bénédiction
D'un bout du monde à l'autre et sans distinction

Toute petite elle disait avoir été violée
Par son oncle et son père et par un autre encore
Mais elle dut attendre ses trente et un balais
Pour revoir brusquement ce souvenir éclore

Elle avait terminé son second CDD
Mais elle envisageait d'autres solutions
Elle voulait travailler dans l'animation
Pour égayer ainsi nos fêtes de fin d'année

Elle cherchait à présent et pour un prix modique
À faire partout régner la convivialité
Comme disent les conseils en publicité
Elle se qualifiait d'intervenante civique

Elle avait pris contact avec plusieurs agences
Et des professionnels de la chaude ambiance
Elle était depuis peu amie d'un vrai artiste
Musicien citoyen jongleur équilibriste

Grand organisateur de joyeuses sarabandes
Le mercredi midi et aussi le samedi
Pour la satisfaction des boutiques Godassland
Créateur d'escarpins cubistes et nabis

Elle aussi s'entraînait à des tours rigolos
En lançant dans les airs ses propres godillots
Baskets bi-matières à semelles crantées
Les messages passent mieux quand on s'est bien marré

Au ministère social des Instances drolatiques
Elle avait exercé à titre de stagiaire
L'emploi de boîte vocale précaire et temporaire
Elle en avait gardé un souvenir érotique

Elle avait également durant quelques semaines
Remplacé une hôtesse de chez Valeurs humaines
Filiale fondamentale de Commerce équitable
Où l'on vend seulement des objets responsables

Elle avait découvert le marketing éthique
La joie de proposer des cadeaux atypiques
Fabriqués dans les règles de l'art humanitaire
Et selon les valeurs les plus égalitaires

[...]

Café labellisé bio-humanisé
Petits poulets de grain ayant accès au pré
Robes du Bangladesh jus d'orange allégé
Connotation manouche complètement décalée

Sans vouloir devenir une vraie théoricienne
Elle savait maintenant qu'on peut acheter plus juste
Et que l'on doit avoir une approche citoyenne
De tout ce qui se vend et surtout se déguste

Et qu'il faut exiger sans cesse et sans ambages
La transparence totale dedans l'étiquetage
Comme dans le tourisme une pointilleuse éthique
Transformant celui-ci en poème idyllique

À ce prix seulement loin des sentiers battus
Du vieux consumérisme passif et vermoulu
Sort-on de l'archaïque rôle de consommateur
Pour s'affirmer enfin vraiment consom'acteur

Elle faisait un peu de gnose le soir venu
Lorsqu'après le travail elle se mettait toute nue

Et qu'ayant commandé des sushis sur le Net
Elle les grignotait assise sur la moquette

Ou bien elle regardait un film sur Canal-Plus
Ou bien elle repensait à ses anciens amants
Ou bien elle s'asseyait droit devant son écran
Et envoyait des mails à des tas d'inconnus

Elle disait je t'embr@sse elle disait je t'enl@ce
Elle faisait grand usage de la touche arobase
Elle s'exprimait alors avec beaucoup d'audace
Elle se trouvait alors aux frontières de l'extase

Dans le métro souvent elle lisait Coelho
Ou bien encore Pennac et puis Christine Angot
Elle les trouvait violents étranges et dérangeants
Brutalement provocants simplement émouvants

Elle aimait que les livres soient de la dynamite
Qu'ils ruinent en se jouant jusqu'au dernier des
   mythes
Ou bien les reconstruisent avec un certain faste
Elle aimait les auteurs vraiment iconoclastes

Elle voulait trois bébés ou même peut-être quatre
Mais elle cherchait encore l'idéal géniteur
Elle n'avait jusqu'ici connu que des farceurs
Des misogynes extrêmes ou bien d'odieux bellâtres

Des machistes ordinaires ou extraordinaires
Des sexistes-populistes très salement vulgaires
Des cyniques égoïstes des libertins folâtres
Ou bien des arnaqueurs elle la trouvait saumâtre

Elle se voyait déjà mère d'élèves impliquée
Dans tous les collectifs éducatifs possibles
Et harcelant les maîtres les plus irréductibles
Conservateurs pourris salement encroûtés

Qui se cachent derrière leur prétendu savoir
Faute d'appréhender un monde en mutation
Qui sans doute a pour eux l'allure d'un repoussoir
Quand il offre à nos yeux tant de délectations

Comme toutes les radasses et toutes les pétasses
Comme toutes les grognasses et toutes les bécasses
Elle adorait bien sûr Marguerite Durasse
De cette vieille carcasse elle n'était jamais lasse

Elle s'appelait Praline mais détestait son nom
Elle voulait qu'on l'appelle Églantine ou Sabine
Ou bien encore Ondine ou même Victorine
Ou plutôt Proserpine elle trouvait ça mignon

Elle faisait un peu de voile et d'escalade
Elle y mettait l'ardeur qu'on mettait aux croisades
Elle se précipitait sous n'importe quelle cascade
Elle recherchait partout des buts de promenade

[...]

Elle disait qu'il fallait réinventer la vie
Que c'était le devoir d'un siècle commençant
Après toutes les horreurs du siècle finissant
Là-dedans elle s'était déjà bien investie

De temps en temps chez elle rue des Patibulaires
Elle mobilisait certains colocataires

173

Afin d'organiser des séances de colère
Contre l'immobilisme et les réactionnaires

Elle exigeait aussi une piste pour rollers
Deux ou trois restaurants à thème fédérateur
L'installation du câble et d'un Mur de l'Amour
Où l'on pourrait écrire je t'aime sans détour

Elle réclamait enfin des gestes exemplaires
D'abord l'expulsion d'un vieux retardataire
Puis la dénonciation du voisin buraliste
Dont les deux filles étaient contractuelles
    lepénistes

Le Jour de la Fierté du patrimoine français
Quand on ouvre les portes des antiques palais
Elle se chargeait d'abord de bien vérifier
Qu'il ne manquait nulle part d'accès handicapés

Qu'il ne manquait nulle part d'entrées Spécial
    Grossesse
Qu'il ne manquait nulle part d'entrées Spécial
    Tendresse
Qu'on avait bien prévu des zones anti-détresse
Qu'il y avait partout des hôtesses-gentillesse

Faute de se faire percer plus souvent la forêt
Elle avait fait piercer les bouts de ses deux seins
Par un très beau pierceur sans nul doute canadien
Qui des règles d'hygiène avait un grand respect

Avec lui aucun risque d'avoir l'hépatite B
Elle ne voulait pas laisser son corps en friche

Comme font trop souvent tant de gens qui s'en
   fichent
Elle pensait que nos corps doivent être désherbés

Elle croyait à l'avenir des implants en titane
Phéromones synthétiques pour de nouveaux organes
Elle approuvait tous ceux qui aujourd'hui claironnent
Des lendemains qui greffent et qui liposuccionnent

[…]

Faute de posséder quelque part un lopin
Elle s'était sur le Web fait son cybergarden
Rempli de fleurs sauvages embaumé de pollen
Elle était cyberconne et elle votait Jospin

Elle avait parcouru l'Inde le Japon la Chine
La Grèce l'Argentine et puis la Palestine
Mais elle refusait de se rendre en Iran
Du moins tant que les femmes y seraient mises au
   ban

L'agence Operator de l'avenue du Maine
Proposait des circuits vraiment époustouflants
Elle en avait relevé près d'une quarantaine
Qui lui apparaissaient plus que galvanisants

On lui avait parlé d'un week-end découverte
Sur l'emplacement même de l'antique Atlantide
On avait évoqué une semaine à Bizerte
Un pique-nique à Beyrouth ou encore en Floride

On l'avait alléchée avec d'autres projets
Une saison en enfer un été meurtrier

Un voyage en Hollande ou au bout de la nuit
Un séjour de trois heures en pleine Amazonie

Cinq semaines en ballon ou sur un bateau ivre
À jouir de voir partout tant de lumières exquises
Ou encore quinze jours seule sur la banquise
Avec les ours blancs pour apprendre à survivre

Une randonnée pédestre dans l'ancienne Arcadie
Un réveillon surprise en pleine France moisie
Une soirée rap dans le Bélouchistan profond
Le Mexique en traîneau un week-end à Mâcon

Elle est morte un matin sur l'île de Tralâlâ
Des mains d'un islamiste anciennement franciscain
Prétendu insurgé et supposé mutin
Qui la viola deux fois puis la décapita

C'était une touriste qui se voulait rebelle
Lui était terroriste et se rêvait touriste
Et tous les deux étaient des altermondialistes
Leurs différences mêmes n'étaient que virtuelles

Ce qu'on voit dans ce poème, une fois encore, c'est « Rendez-vous en terre inconnue ». Des amis aux quatre coins de la terre. Très présent, décidément, Frédéric Lopez dans mon livre ! Avec sa touriste, Muray a saisi nos mythologies les plus spectaculaires, les plus immédiates. Ce qu'on voit dans ce « tombeau », c'est que le monde a augmenté dans son sens : c'est-à-dire le tourisme comme unique vérité.

Mais je ne veux pas avoir l'air de cracher dans la soupe, je profite beaucoup de ce système. Je ne pourrais pas vivre si je restais dix heures avec « Le Bateau ivre ». Je ne pourrais pas vivre comme Péguy, comme Rimbaud, qui finissait par trouver sacré le « désordre de son esprit ». Moi, je ne suis pas un héros qui se dérègle intérieurement. Je fréquente ces grands auteurs, mais rien ne m'empêche de regarder un bon Morandini ou « Faites entrer l'accusé », de ne rater aucun Calvi, et d'être ébloui par Nagui dans « N'oubliez pas les paroles ».

Ambleteuse, 29 août 2015

Sixième jour de tournage du film de Bruno Dumont

Un homme très intelligent a prononcé le mot « nihiliste » pour définir la personnalité de François Hollande. « Nihiliste » pour désigner François Hollande ?

Dîner avec Emmanuel Macron
et son épouse Brigitte

Curieux la fraîcheur de ce ministre. Il se lance dans cette activité haïe par la gauche conventionnelle. Il propose une grille nouvelle au socialisme. Il guette et pressent le cynisme chez les hommes de pouvoir, cynisme qu'il compare à une lèpre. Il ose affirmer dans son être des valeurs opposées au cynisme.

Comme c'est étrange et lumineux une telle affirmation. Le ressentiment, les passions tristes sont en général les fondements les plus solides pour durer dans cette existence. Relisons Cioran.

La singularité de la jeunesse peut-être. Il est bien séduisant Macron. Il rit. Il jubile. Il travaille. Son épouse veille sur lui. Il est puissant et concentré. Il est exceptionnel, ce Macron.

Paris, 31 août 2015, Hall du Hilton, 16 heures

Quelques jours d'interruption du tournage (suite)

Ce journal me fait du bien, moi qui panique à l'idée de la désertion des stimulations, moi qui attends pathétiquement des messages, des SMS, des mails.

Frénétiquement. Pitoyablement je triture ce malheureux portable qui pourrait signifier un appel. Un SMS. Même un message. J'en arrive à souhaiter une « alerte info » du *Figaro* ou du *Parisien*. Quelque chose, putain ! Fascinante, la découverte constante de son inconfort et de sa vacuité douloureuse. Qu'est-ce qu'il a raison Pascal dans sa définition de la misère de l'homme sans Dieu ! Surtout si ce petit bonhomme se mêle de lire Nietzsche.

Chapitre 10

LE LAC DE SON PAYS

> « Celui qui écrit en maximes
> avec du sang ne veut pas être
> lu, mais appris par cœur. »
>
> *Ainsi parlait Zarathoustra*

C'est quoi mon histoire avec Nietzsche ? Ça vient d'une femme. Il y a longtemps. Je dois avoir 20 ans. C'est ma première fiancée qui lit Nietzsche. Un jour, elle arrive, triomphale, et lance : « J'ai trouvé quelqu'un comme moi. Quelqu'un qui dit "je souffre du monde", ce monde n'est pas possible, les hommes ne sont pas possibles. » Elle tient dans sa main *Ainsi parlait Zarathoustra*. Elle continue, un peu exaltée, à me dire que l'homme est quelque chose qui doit être surmonté. Je la regarde, ahuri. « Nous ne sommes pas des grenouilles pensantes aux entrailles frigorifiées, continue-t-elle. Nos concepts, nous les avons vécus. » Là, je suis totalement perdu.

Elle me dit : « Le surhomme doit être ton devenir. » Le surhomme ? Moi, je vois l'homme américain, une silhouette californienne tout en force et en muscle. Une incarnation pleine de muscles sous le soleil. Apparemment, on déteste l'idée du surhomme. On a déjà du mal à être un homme, on est déprimé à l'idée d'être un homme. Je ne sais pas alors que, pour Nietzsche, le surhomme, c'est la mort du dernier homme. J'entrais dans la dramaturgie nietzschéenne, car ce qui est merveilleux chez Nietzsche, c'est son aptitude à la scénographie de la vie des idées. Ma fiancée ne supportait pas la laideur du monde.

Alors j'ai lu Nietzsche. Dans le désordre. Je n'ai pas étudié *La Généalogie de la morale* le crayon à la main, non, j'ai dévoré *Le Gai Savoir* et un peu *Zarathoustra*. L'autre jour, j'entendais l'émission de Finkielkraut, « Répliques », et il y avait là des savants qui parlaient de Nietzsche. Je n'y ai pas eu accès comme eux. Quand je le lisais, je ne comprenais pas tout, j'étais un peu couillon devant cet immense philosophe allemand, mais j'étais transporté par son génie de la formule publicitaire. « Il sera associé à mon nom quelque chose de formidable », disait-il. Il avait raison. Est-ce qu'il n'y avait pas dans mon comportement obsessionnel une facilité à atteindre la rumination, vertu essentielle exigée pour ses lecteurs, comme disait Nietzsche :

> Il est vrai que, pour pratiquer de la sorte la lecture comme un *art*, une chose est nécessaire que de nos jours on a parfaitement oubliée – c'est pourquoi il faudra du temps avant que mes écrits soient « lisibles » –, une chose pour laquelle il faut être presque bovin et, en tout cas, *rien moins qu'*un « homme moderne » : *la rumination.*

Écoutons *Ainsi parlait Zarathoustra,* traduit par Georges-Arthur Goldschmidt :

> Vous vous pressez auprès du prochain et vous avez pour cela de belles paroles. Mais moi, je vous dis : votre amour du prochain n'est que votre mauvais amour pour vous-mêmes.
>
> Vous vous réfugiez auprès du prochain pour vous fuir vous-mêmes et vous voudriez vous en faire une vertu : mais je perce à jour votre « désintéressement ». [...]
>
> Vous conseillé-je l'amour du prochain ? Je préfère plutôt vous conseiller de fuir votre prochain et d'aimer le plus lointain !
>
> Plus haut que l'amour du prochain est l'amour du lointain et du futur. Plus haut que l'amour des hommes est l'amour des choses et des fantômes. [...].
>
> Vous ne pouvez vous supporter vous-mêmes et vous ne vous aimez pas suffisamment : or vous

voulez détourner le prochain vers l'amour et vous dorer de son erreur.

J'aimerais que la compagnie de prochains de toutes sortes et de leurs voisins vous devienne intolérable ; vous seriez bien obligés de tirer de vous-mêmes votre ami et son cœur débordant.

Nietzsche photographie la mauvaise relation aux autres, l'utilisation qu'il peut en faire pour satisfaire ses inquiétudes et ses angoisses, et il ouvre l'extraordinaire perspective d'une réconciliation avec son être profond.

Nietzsche arrache par ailleurs d'une main les masques de la comédie sociale.

[...] nous allons ainsi vêtus en société, c'est-à-dire au pays des masques qui ne veulent pas qu'on les dise tels ; et nous aussi nous agissons comme tous ces masques avisés, et nous éconduisons d'une façon polie toute curiosité qui ne vise pas notre « costume » [...].

Il la connaît par cœur. Voyez comme il la décrit :

L'art de fréquenter les humains repose essentiellement sur l'adresse (elle postule un long entraînement) avec laquelle on est capable d'accepter et de déglutir un repas dont la cuisine n'inspire aucune confiance.

Il ne faut pas perdre un mot de ce qui suit, je trouve que c'est la description la plus véhémente des relations entre êtres humains que l'on puisse lire.

Si l'on arrive à table avec une faim de loup tout va bien [...] ; mais on n'a pas cette fringale quand on veut ! Que le prochain, hélas, est dur à digérer !

Premier principe : comme en face d'un malheur prendre son courage à deux mains, se lancer hardiment, s'admirer tant qu'on peut, serrer les dents sur son dégoût et avaler sa répugnance.

Deuxième principe : « améliorer le prochain », par exemple, en le complimentant si bien qu'il se met à sucr toute la joie qu'il conçoit de lui-même ; ou encore attraper par le bout une de ses bonnes qualités ou un de ses aspects « intéressants », tirer dessus jusqu'à ce que tout suive et qu'on puisse envelopper le prochain dans le drapé de sa vertu au grand complet.

Troisième principe : s'hypnotiser soi-même. Fixer l'objet de son commerce à la façon d'un bouton de verre jusqu'à ce qu'on cesse d'en ressentir tout plaisir ou tout déplaisir et qu'on se mette, sans qu'il y paraisse, à s'endormir, à devenir raide, à acquérir le parfait maintien : c'est une recette domestique du mariage et de l'amitié ; abondamment expérimentée, on la vante comme indispensable mais elle n'a pas encore été formulée scientifiquement. Son nom populaire est... patience.

Ce qu'il décrit dans ces citations, je l'ai vu. Je le constate chez les gens qui se présentent rayonnant d'amis. C'est simplement de l'instrumentalisation névrotique. C'est la vraie question. Comment dans nos relations on échappe à la névrose de l'instrumentalisation ? L'être humain pratique des relations instrumentalisées. L'autre me sert pour mon moi. Qu'est-ce qu'il y a comme rencontre ? J'ai vu que tous ceux qui théâtralisent le contact social, qui aiment les autres, ont laissé en chantier leur identité. J'ai été ça. J'ai été un artisan de la relation aux autres. Un artisan de la séduction. L'art d'attirer l'attention. À 4 ans, j'imitais le pape en train de faire la messe dans la rue Ramey et je montais jusqu'à Montmartre en bénissant les gens !

Son autre fulgurance, c'est d'avoir vu que l'homme se venge. Ça c'est prodigieux, il a révélé l'acte de vengeance. C'est ce que Spinoza appelle les « passions tristes » : la jalousie, la rancœur, l'aigreur. Une alliance objective se fait entre les deux. Moi je ne suis pas nietzschéen, mais j'admire qu'il ait vu là où ça se venge. Parce que c'est vrai, il suffit de regarder autour de soi pour voir que ça se venge, que ça hait, que ça n'aime pas la vie. Qu'on, et que je n'aime évidemment pas assez la vie, je n'ai pas ce courage.

J'ai lu les textes de Nietzsche des centaines de fois et ils m'accompagnent encore aujourd'hui. J'ai compris plus tard que, comme Rimbaud, il a détruit tout ce qui était avant lui : Socrate, Kant, Hegel. Avant moi, disait Nietzsche, personne n'a philosophé, c'est la maladie qui philosophait. Ce pauvre homme était malade et quasiment aveugle et il a dialectisé la grande santé. Attention ! Je ne suis pas membre du cercle des philosophes, je le répète, je suis très Bouvard et Pécuchet devant Nietzsche et pourtant, sur certains textes, je suis prêt à affronter n'importe quel sérieux, à force de l'avoir brassé, à force de l'avoir su par cœur. Et là, la phrase de Nietzsche s'impose : « Quand j'ouvre un livre de savant, la première question que je me pose est "l'auteur sait-il marcher ?". » Mais je ne suis pas nietzschéen, parce que tout le monde face à lui est amputé de sa fulgurance. Chez lui, il n'y a pas d'erreur, il n'y a que de la lâcheté. Et donc pour la vérité, il n'y a que du courage.

La professeur de philosophie, Wanda Bannour, qui avait inspiré ma fiancée demandait aux petites nanas boutonneuses avec leurs premières règles : « Vous n'êtes pas prêtes pour écouter une leçon philosophique de Nietzsche ? Alors vous ressortez de l'école et vous rentrez en dansant. »

Ça ne paraît rien, mais c'est profond cette remarque de professeur : « venir en dansant », qui nous renvoie à une grande citation :

Il y a toujours un peu de folie dans l'amour. Mais il y a toujours aussi un peu de raison dans la folie.

Et à moi aussi qui aime ce qui vit, il me semble que les papillons ou les bulles de savon et les êtres humains qui leur ressemblent sont ceux qui en savent le plus du bonheur.

Voir voleter ces âmes légères, un peu folles, fragiles et mobiles – voilà qui donne à Zarathoustra envie de larmes et de chansons.

Je ne croirai qu'en un dieu qui s'entendrait à danser. Et lorsque je vis mon diable, je le trouvai grave, minutieux, profond, solennel ; c'était l'esprit de pesanteur – par lui toutes choses tombent.

On ne tue pas par la colère, mais on tue par le rire. Allons, tuons l'esprit de pesanteur !

J'ai appris à marcher : depuis ce temps je me laisse courir. J'ai appris à voler : depuis je n'attends plus qu'on me pousse pour changer de place.

Maintenant je suis léger, maintenant je vole, maintenant je m'aperçois en dessous de moi-même, maintenant un dieu danse en moi.

Ainsi parlait Zarathoustra.

Pour Nietzsche, il faut danser dans le miracle de l'instant parce qu'il n'y a pas de vie au-delà et le fait de croire qu'il puisse y en avoir une dévitalise la réalité.

L'analyse et Nietzsche dans ma vie, au fond, ça a souvent marché ensemble. Ça peut paraître étonnant, mais les gens qui sont en analyse ne sont pas que des mondains qui habitent le 7ᵉ arrondissement et qui s'ennuient dans la vie. L'angoisse qui les étreint n'est pas l'ennui. Celui qui y va n'a souvent pas le choix. C'est un choix désillusionnant. C'est une baffe dans la gueule du narcissisme. Dès que tu vas chez un analyste, tu n'as jamais d'écho à l'endroit qui t'arrange. La psychanalyse est héritière des moralistes du XVIIᵉ siècle. Pour elle, tout ce que nous faisons appartient à l'économie générale du moi.

Mon premier psychanalyste était un génie. Il s'appelait Bouvier Robert. J'avais 17 ans, je lui ai raconté mes premiers émois sexuels. J'avais découvert la puissance, le plaisir et j'étais exalté. Je lui dis : « J'ai accédé à la pénétration, c'était chaud et c'était doux. » Et il lance, pour seule réponse : « Ben oui, c'est mieux que dans le sable ! » C'était un homme surréaliste. Je l'avais rencontré grâce à un prêtre de la Trinité, Marc Oraison, un prêtre qui s'occupait des délinquants. Je voulais me faire réformer, il m'avait envoyé chez un psychiatre : un chemin sérieux que peu de gens empruntent.

C'est austère, c'est pénible. Bouvier avait une autre formule : « Le moi, c'est comme les assouplissements, plus on avance, plus il s'assouplit. » Les grands névrosés, après cinquante ans, leur moi s'est fixé, comme le cholestérol. On voit des gens dans leurs obsessions : il n'y a pas d'assouplissements. Névrosés, en monologue avec eux-mêmes. En tout cas, la psychanalyse a donné une place à l'autre et libéré l'autre de la manière dont j'aurais pu névrotiquement le réduire. Mais, du coup, maintenant je ne vois plus personne... Souvent, je disais à Bouvier :

— C'est pas chiant, votre boulot ?

Il me répondait :

— Mais c'est assez chiant parce qu'ici c'est un peu le mur des lamentations. Tu sais, nous, pour se nettoyer, on va voir d'autres psys. C'est comme les bateaux quand il y a trop de coquillages : on les lave.

La terrible lucidité, celle de Céline comme celle de Nietzsche, est invivable. Elle vous empoisonne. Le fait de travailler la structure du XVIIe siècle, d'entrer dans le mystère de la poésie vous guérit. La poésie vous donne ses vertiges, ses silences. Elle ne s'inscrit plus dans notre temps. Ses suggestions, ses silences, ses vertiges ne peuvent plus être audibles aujourd'hui. Il ne faut pas, pourtant, évoquer la poésie comme un militant qui déclamerait, l'air tragique : « Attention, poète ! » Il faut, avec Paul Valéry, se désoler de l'incroyable négligence avec laquelle on enseignait la substance sonore de la littérature et de la poésie. Valéry était sidéré que l'on exige aux examens des connaissances livresques sans jamais avoir la moindre idée du rythme, des allitérations, des assonances d'un texte. Cette substance sonore qui est l'âme est le matériau musical de la poésie.

La poésie, c'est le contraire de ce qu'on appelle le « poète », celui qui forme les clubs des poètes. Stendhal disait que le drame, avec les poètes, c'est que tous les chevaux s'appellent des « destriers ». Mais La Fontaine, Racine, Rimbaud, Baudelaire, Hugo, oui, ils ont littéralement changé ma vie. J'ai rencontré, un jour, le théâtre et la poésie comme Claudel a vu la lumière une nuit de Noël.

On dit, pour la moquer, que la poésie est ridicule, inutile ou hermétique… Elle a ces trois vertus. Ridicule, c'est évident. Il suffit de prononcer d'un air inspiré : « Poète, prends ton luth et me donne un baiser… » Musset est quatorze fois exécrable, disait Rimbaud, et tout apprenti épicier peut écrire un « Rolla ». Inutile, elle l'est aussi. Hermétique, c'est certain. J'aimerais réunir les gens capables de m'expliquer « Le Bateau ivre ».

Arthur Rimbaud a dit : « Que comprendre à ma parole ? / Il faut qu'elle fuie et vole ! »

La poésie, c'est une rumination. C'est une exigence dix fois plus difficile qu'un texte de théâtre. La poésie demande une vulnérabilité, une capacité d'être fécondé. Elle m'accompagne : avec elle, j'essaye d'avancer dans le mystère du verbe et de la création, et je fais honnêtement commerce de ce qui me hante.

31 août, 17 h 15

Avant « C dans l'air », je repense au « Sermon sur la mort » de Bossuet cité dans le livre de Suzanne Julliard : « Que nous servira d'avoir tant écrit dans ce livre, d'en avoir rempli toutes les pages de beaux caractères, puisqu'enfin une seule rature doit tout effacer ? Encore une rature laisserait-elle quelques traces du moins d'elle-même, au lieu que ce dernier moment qui effacera d'un seul trait toute votre vie s'ira perdre lui-même avec tout le reste dans ce gouffre du néant. Il n'y aura plus sur la terre aucun vestige de ce que nous sommes. La chair changera de nature, le corps prendra un autre nom, même celui de cadavre ne lui demeurera pas longtemps. Il deviendra, dit Tertullien, un je ne sais quoi qui n'a plus de nom dans aucune langue. Tant qu'il est certain que tout meurt en lui, jusqu'à ces termes funèbres par lesquels on exprimait ses malheureux restes ! »

3 septembre 2015

Je répète, en allant au tournage, les répliques de
la scène d'aujourd'hui.

6 septembre 2015

21 heures, dans l'avion d'easyjet

Retour du Festival de Venise où j'ai présenté *L'Hermine*, de Christian Vincent.

Dans le grand hôtel de Venise, le Danieli. Journalistes. Projection. Boulot pas trop mal fait. Sympathie italienne.

Curieux nom easyjet... Toujours énigmatique pour quelqu'un qui ne comprend rien aux langues étrangères. Inlassablement, pendant le festival, on me dit : « Vous êtes sûr que ça ne vous dérange pas de voyager avec easyjet ? » Qu'est-ce que tu veux que j'aie comme opinion ? N'empêche que le nom easyjet me fascine.

Chapitre 11

Allez les verts !

Je ne pensais pas un jour écrire un livre, mais j'ai longtemps été, moi-même, comme un manuscrit envoyé à un éditeur qui ne l'édite pas. Roland Barthes disait qu'il avait peur quand il recevait un manuscrit parce que, expliquait-il, qu'est-ce qu'un manuscrit sinon un paquet de désir ? Et que peut-on faire du désir de l'autre ? De 1969 avec ma tête de coiffeur non sexué à 1985 où j'étais un acteur au parcours indiscernable, je suis comme un manuscrit envoyé à un éditeur qui ne l'éditerait pas.

Je ne suis pas non plus un maudit dans sa chambre de bonne, un garçon du théâtre amateur, un presque ringard. J'ai tourné avec Rohmer plusieurs fois, ça n'est pas rien Rohmer. Ce n'est pas rien Rohmer depuis *Le Genou de Claire*. Il y avait Godard au sommet, Truffaut en commercial et

Rohmer entre les deux. Mais Rohmer, comment dire ça, disons que ça t'emmenait pas vers les émissions d'Arthur le samedi soir. On a rarement vu un personnage d'Éric Rohmer danser avec Patrick Sébastien dans « Le Plus Grand Cabaret du monde ».

Durant ces années, je suis comme une sorte de manuscrit, un condensé d'énergie qui terrorise. Il faut comprendre que celui qui n'est pas édité n'est pas policé, celui qui n'est pas reconnu est inquiétant, anxiogène. Je suis formidablement anxiogène. Je vais dans toutes les directions. Dans les années 1970, je découvre les voyages, les hippies, le Moyen-Orient. Il y a énormément d'animosité autour de moi. On moque ma préciosité, mon hystérie. En un mot, je ne suis pas placé, oui, je ne suis pas édité, je ne suis pas nommé quoi. Malgré *Le Genou de Claire*, malgré *Perceval le Gallois* ou plutôt à cause de *Perceval le Gallois*, malgré Walerian Borowczyk. On l'a oublié mais Borowczyk, en 1974, c'est un grand cinéaste. Il a fait jouer Michel Simon dans un grand film qui s'appelle *Blanche*. Il m'a choisi pour *Les Contes immoraux*, adaptation de nouvelles de Mandiargues et de Lucrèce Borgia, une sorte de porno intellectuel. Je m'étais trouvé là grâce à Bernard Privat, alors directeur des éditions Grasset, que je connaissais par l'intermédiaire de sa fille à qui je faisais les brushings. Il me présente à Borowczyk dans son hôtel particulier de la rue Bausset, dans le 15e arrondissement.

Quelques mois plus tard, je joue dans une nouvelle : *La Marée*. Je n'ai même pas 23 ans et le premier texte que je dois apprendre par cœur, c'est l'histoire d'un petit jeune homme qui, à vélo, s'en va avec sa cousine extrêmement jolie. En roulant, il fantasme sur elle, et l'emmène au bord de l'océan pour qu'elle lui fasse une gâterie au moment où la marée montera. À un moment précis, on les voit dans la marée, moi avec des bottes en caoutchouc en train de mimer une pipe (qui ne s'est pas faite évidemment) et je dois lui dire :

Chère petite agnelle…, je ne te veux que du bien. J'ai pour toi une verge de sel dont toute brebis serait gourmande. Tu avaleras docilement où la marée montera.

Je me rappelle peu des dialogues de mes films, mais celui-ci je me le rappellerai toujours. C'est un gros succès, mais je n'en tire rien. Pendant dix ans, je fais tous les boulots de la terre, je suis coursier dans Paris et je goûte cheveux au vent le plaisir du deux-roues.

Parenthèse. Le deux-roues. La Mobylette. La Mobylette ! Elle était bienveillante, elle planait, elle était marginale par sa proposition d'homme libre. Aujourd'hui le deux-roues est comme une métaphore de la société, agressive ; il veut aller plus vite, il ne supporte pas de s'arrêter, même dans les embouteillages. Il n'a même plus deux roues mais trois. Il a le portable écrabouillé dans l'oreille, il écrit des SMS tout en roulant. Ce qui est impressionnant à remarquer, modestement, c'est le feu rouge. Le feu rouge ne peut plus être subi. Car le feu rouge subi, c'est le rien. Le feu rouge sans SMS, c'est l'homme sans Dieu. Il n'en peut plus, il est irrité. Il n'est pas du tout le deux-roues d'il y a trente ans ouvert aux vents dans une vision panthéiste de l'actualité. Aujourd'hui, il veut aller plus vite que la voiture. Il regarde son portable comme au précédent feu rouge 1,27 mètre plus tôt, et il se demande s'il a un SMS. Quelque chose qui se soit passé. Mais rien ne s'est passé. C'est ça qui est fascinant.

Au cinéma, je continue à travailler comme je peux. J'oscille entre Patrick Schulmann, le cinéaste de *Et la tendresse ? Bordel !* qui me fait allumer au briquet les pets d'une fille sublime en lui disant « vas-y pète » (pas facile de dire « vas-y pète ») et Rohmer qui reconstitue la France romane. Je suis méprisé. Pas du tout reconnu. Dans une prison romhérienne, comme souvent les acteurs qui sortent de chez Bresson.

Cette période professionnelle est chaotique, incohérente. Dans ce magma d'ego, de frustration, d'impatience, cette errance chaotique et douloureuse, la lecture de Louis Jouvet, le travail sur Molière est vital pour moi. Entre deux courses. J'ai deux choix : laisser libre cours à une frénésie mal contrôlée sans racines ou développer ma passion pour cette solidité que représente le théâtre classique du XVIIᵉ siècle. Ma vie change grâce à la rencontre du répertoire français. Ces quinze ans chaotiques sont aussi les quinze années d'obsessions sur le travail du théâtre avec Jean-Laurent Cochet et d'autres grands professeurs. Elles sont le prétexte à l'approfondissement de questions telles que : « Qu'est-ce que le mouvement d'une phrase », de la formule de Louis Jouvet : « Toute phrase est avant tout un état à atteindre. » Sur ma Mobylette, comme ça, en train de livrer un travesti, ou un décadent de l'avenue Montaigne, un collectionneur de tableaux.

Je pensais à Molière sur ma Mobylette. Maman était contente parce que j'avais bonne mine. Oui, j'avais bonne mine parce que personne ne sait que la nuit au mois d'octobre sur la place Saint-Augustin, il y a un air océanique. Personne n'en parle, mais Paris est océanique. La mer n'est pas loin finalement. Ma mère me disait : « Je suis contente du métier que tu as fait parce que tu as bonne mine. » Évidemment, j'étais comme un marin-pêcheur, j'avais le souffle du vent de la place Saint-Augustin. Je livrais tout Paris, les pauvres, les riches, les travelos, les homos, les hétéros, les escrocs avec cette bonne mine.

Et je pensais en montant les escaliers : « Qu'est-ce que la phrase de l'écrivain génial ? C'est une cicatrice, une cicatrice du poète et l'acteur doit s'approcher de cette cicatrice. » Travail obsessionnel que je fais l'été dans des stages, dans des cours. Voilà ce que je pense en montant dans ce qui a été la révélation de cette époque : les immeubles, les cages d'immeubles, les portes cochères. Plus personne n'a le respect que l'on devrait montrer aux portes cochères. Les escaliers et leurs moquettes. Les cours d'immeubles. La sonnette, la porte qui s'ouvre, le marbre, la deuxième porte, l'Interphone et là, une atmosphère, une montée vers le bonheur. Personne n'a assez parlé de la moquette dans les montées d'escaliers.

1985. Soudain, comme par miracle, tout s'ordonne. Rohmer me convoque et me donne le rôle d'Octave dans *Les Nuits de la pleine lune*. Je suis le confident de Pascale Ogier. Le film est primé à Venise. Il dépasse les 300 000 entrées ;

pour Rohmer, c'est un succès commercial. La mort épouvantable de Pascale Ogier six mois plus tard donne au film une épaisseur tragique. Dans *Pariscope* (qui était encore, avec *L'Officiel des spectacles*, l'une des deux bibles des errants culturels), je lis les lignes suivantes : « Nous savions qu'il avait du talent, nous n'étions pas nombreux mais maintenant tout le monde le sait. » Je crois que je l'ai lue une vingtaine de fois, cette critique : « Nous le savions, maintenant tout le monde le sait. » Je l'ai fait lire à mon père. Il y eut des réunions autour de cette critique du *Pariscope*. Je me rappelle même de la signature : José Bescos. Il s'appelait José Bescos, le monsieur qui a écrit ça. Symboliquement, Rohmer me sort de prison. À la même période, la directrice du Théâtre du Rond-Point me demande de venir dire un texte le soir à 18 h 30, « l'heure de l'apéritif », dit le programme. Ça devait durer huit jours. Céline m'accompagnait depuis des années, mais je ne me voyais pas imposer ma pauvre musique. Barrault me dit que je ne risque rien, qu'il y en a pour huit jours. Ça a duré vingt ans. Je suis dans un succès au cinéma et je fais une chose personnelle à un horaire absurde. Pierre Marcabru, un des seuls véritables critiques qui te renseigne et qui accompagne ton parcours de comédien de manière essentielle, parce qu'au lieu de dire qu'il ne t'aime

pas ou qu'il t'adore (car admirer t'évite de te comprendre), Marcabru objective le travail que tu
essayes de faire. Il te renseigne. Il y en a peu. C'est
très précieux.

Rohmer, Céline m'entraînent à ne plus
dépendre. Trois ans plus tard, je joue *Le Veilleur
de nuit* de Sacha Guitry puis Henry Bernstein avec
Annie Duperey et Pierre Vaneck. Énorme succès
au théâtre privé. Tabac de critiques. C'est la dis-
parition du chaos. Sur les planches, avec l'aide du
succès médiatique, je pose mes bases. Le Céline
n'en finit pas. Je vais de théâtre en théâtre. Je suis
le seul acteur qui fait une tournée dans sa propre
ville. En 1990, on m'offre *La Discrète*. « Tu as vu
cette fille ? Elle est im-monde. » « Elle est immonde »
devient un gimmick, un refrain qui entre dans les
cours de récréation de province. Je suis identifié.
Intellectuel, cynique. Je suis plaçable. On peut me
donner des projets. Je suis édité.

Pourquoi n'ai-je pas renoncé ? Les gens me
disent que j'étais très ambitieux. « Nul n'est plus
ignorant de lui », comme dit Nietzsche, ils ont
sans doute raison. Peut-être avais-je la haine, la
rage comme on dit des jeunes des cités ? C'était
aussi une vie paisible, ces années d'errance. Pas
de pression de la réussite. Je faisais des métiers
parallèles. J'allais à 16 heures à la Goutte-d'Or. Au

bordel avec ces femmes qui disaient « 32 les hommes bougez ». J'ai mis un mois à comprendre que « 32 » c'était le prix de la passe et que « bougez » voulait dire « décidez-vous ». Avec cette femme merveilleuse un jour qui ouvre la porte – nous étions une centaine, des Africains et des Nord-Africains –, elle ouvre la porte donc et crie : « T'attends Brigitte Bardot ! Elle n'est pas là, c'est moi qui la remplace. » Là, l'oralité reprenait ses droits. C'était une vie heureuse, mais encombrée d'un paquet de désir. Au fond, c'est Céline qui m'a libéré. Là, on ne pouvait plus m'emmerder. J'étais avec l'écrivain le plus incontestable littérairement. Et j'ai réussi. Avec lui, j'ai inventé un concept : le spectacle à 18 h 30. J'ai inventé un écrivain qui devient dramaturge.

Je quitte la condition d'histrion légèrement hystérique. J'accomplis une vocation, allez, j'ose un mot important, je réponds à l'intuition claudelienne. Tout le monde dit, c'est un lieu commun, l'air pénétré, dans *Paris Match* : « Si je n'avais pas été acteur, j'aurais été bandit. » « Si je n'avais pas été romancière, j'aurais été prostituée. » « Si je n'avais pas été chanteur à succès, j'aurais certainement été un grand délinquant. » Toujours très attirés par la grande délinquance, les artistes ! C'est un mythe, mais c'est aussi une réalité.

Le théâtre a été un miracle. Je souffrais de cette anxiété très grande qui faisait que je prenais beaucoup trop de place, que j'étais égocentré et incroyablement narcissique. Je souffrais déjà existentiellement et je souffrais de ne pas être reconnu. Ça ne devait pas être tolérable et ce métier m'a permis de dire : « Je ne suis pas fou, je ne suis donc pas fou, je suis un homme qui essaye de maîtriser un geste. » Sinon, je deviens fou. Je pense que la nécessité de ce geste maîtrisé était biologique même si je n'aurais sans doute pas été un délinquant (physiquement je ne faisais pas le poids) ni un tueur en série (le maniement des armes n'est pas évident). J'avais un besoin immense d'être aimé et je m'effondrais dès qu'on ne m'aimait plus. Ce que m'a résumé mon psychanalyste dans une de ses plus grandes phrases. J'étais allongé sur le divan au moment de la crise d'angoisse. Je voulais qu'il parle, qu'il se manifeste et un jour dans la voix, j'ai entendu :

> On pourrait résumer : avec toi, faut toujours crier « Allez les verts ! ». Moi, c'est pas mon boulot quand même.

Il avait formulé que, pour les angoissés, il n'y a qu'une obsession, c'est « Allez les verts ! ». S'il n'y a pas « Allez les verts ! », c'est le chaos. Qu'est-ce qu'il reste de l'individu s'il n'y a plus l'encouragement de « Allez les verts ! » : « un boyau avec un rêve », comme dit Céline.

Le fragment, c'est le propre de l'obsessionnel, de l'autodidacte. Me revient une conversation à Paros avec Alain Finkielkraut. C'était durant les deux jours merveilleux passés avec lui, dans sa maison. Avec le peu de matériau que j'avais qui est quand même un matériau fragile mais visité, comme tous les grands obsessionnels autodidactes, je l'ai confronté avec Nietzsche, Cioran, pour parler de l'enlaidissement du monde. Comment se fait-il qu'un cancre inapte joue ce rôle ? Inconsciemment, l'autodidacte plaît énormément, parce qu'il n'y a pas l'emprise universitaire du « très bien », du capable de parler de tout comme tous les gens de l'ENA qui savent tenir une conversation sur Mallarmé, l'Afrique ou la réduction des déficits. L'obsessionnel (et l'autodidacte) est extraordinairement limité. Sa culture a été acquise à la force du poignet. Mais il peut témoigner, parce que ce qu'il connaît, il le connaît en profondeur et ça l'habite. Quand il trouve un métier, un instrument, ça lui permet de prolonger ce travail long et pénible.

Je vis aussi, reconnaissons-le, le miracle du surclassement. « Monsieur, on vous met à une belle

213

table parce qu'ici, il y a des courants d'air. » La moto-taxi qui vous transporte d'un bout à l'autre de Paris comme on vole. Cette ascension sociale, c'est ce que mon père voulait. Il y a une nécessité chez les gens qui ont une vague réussite. Ça devait être vital qu'on me reconnaisse. La psychanalyse m'a aidé à ne pas aller à toutes les portes en criant : « Je vous ordonne de me dire : "Allez les verts." » J'avais moyen de patienter. La psychanalyse m'a fait arrêter d'emmerder tout le monde avec ma demande. Mon hystérie a été protégée. Il y a trente ans, je faisais rire une communauté entière homosexuelle toute la nuit, et à 6 heures du matin, je finissais à Saint-Denis. Tout ça est révolu. Maintenant, l'hystérie arrive au moment où elle est payée. Je suis une femme du monde, moi, je tapine à mes horaires, comme disait Céline.

Disons que c'est le projet. Faut pas trop faire le malin non plus.

7 septembre 2015

Encore confronté à ce tournage de film. Sur cette Côte d'Opale. Avec toute la puissance du metteur en scène. C'est impressionnant, le statut du metteur en scène-auteur en France. La toute-puissance de ses décisions, de son montage, de sa musique. Les producteurs exécutent les trouvailles des artistes, réduits à écouter le créateur.

Le metteur en scène en France est un auteur, et donc un artiste. Il laisse aux Américains la vulgarité de la puissance du producteur. En Europe, et particulièrement en France, le metteur en scène est créateur.

Agréable sentiment de solitude. Sur ce film de Dumont, j'expérimente profondément ce qu'est un acteur de cinéma.

Il pousse le jeu. Il n'aime pas les nuances. Il n'aime pas le naturalisme. Ce qu'il appelle le naturalisme est ce que je suis tenté d'appeler la « justesse ».

Qu'est-ce qui m'a poussé à accepter un rôle que je ne comprends pas ? Son intégrité, sa dimension poétique, sa particularité qui me donnent la sensation que je vais échapper à la compétition des entrées.

S'il y a une activité en France qui représente le libéralisme sauvage, pas encadré, c'est bien l'industrie du cinéma. Où le faible est sorti au moindre signe de fragilité. Projetez-vous une seule fois sur une sortie de film au cinéma des Halles, le mercredi matin à 9 h 05.

9 septembre 2015

Encore dans la caravane. Attente. Stupéfaction face à la puissance des visages, des incarnations dans le film de Dumont.

Tout le Nord.

Une longue enquête pour trouver ces visages. Indescriptibles. Une humanité. Qui est son humanité ?

Singulière psychologie que celle de Dumont. Il ne se sent bien qu'au milieu des habitants de cette région. Échange bref ce matin devant une falaise plus immense qu'Étretat.

Je me dirigeais vers le lieu de la scène ; j'ai osé une question : « T'as toujours vécu dans ce coin ? » (Côte d'Opale, Ambleteuse.) Réponse de Dumont : « C'est ce qu'il y a de plus beau au monde. » Je tente de lui parler des Cyclades. Paros. Pas emballé. Il affirme qu'ici, c'est plus que beau, c'est vrai. Comme les habitants.

Pas emballé du tout sur ma proposition des Cyclades le Bruno Dumont.

13 septembre 2015

Ivresse de cette avalanche de messages à l'occasion du prix d'interprétation à la Mostra de Venise. Complètement caparaçonné quand le producteur a voulu me parler, m'attendant à une mauvaise nouvelle. Il m'annonce le prix d'interprétation masculine à la Mostra... Ça ne m'a rien fait sur le coup. Pas habitué aux récompenses.

Toujours à Ambleteuse.

14 septembre 2015, 20 h 30

Fin de journée. Coup de fil de l'avocat Éric Dupont-Moretti qui me demande si ces compliments caressent mon ego fragile. Je ne sais pas quoi répondre. Freud n'aimait pas le téléphone même s'il aimait écouter. La voix au téléphone était pour lui comme une cacophonie.

Chapitre 12

N'OUBLIEZ PAS LES PAROLES

Suis-je installé ? Je n'arrive toujours pas à être le comédien à succès, concerné et sentimental. « Nul ne ment plus qu'un homme indigné », dit Nietzsche, et je le crois. Je ne suis pas un héros récurrent à la télévision (je n'ai aucun mérite, on ne m'a jamais proposé d'être *L'Instit*). J'évite le bon gros théâtre de confection d'où l'inquiétude est évacuée pour que la bourgeoisie se détende.

Dans notre métier, chacun a un fonds de commerce. Certains occupent le terrain. Moi je reste avec mes grands textes. Je maintiens à distance. Une épouse de ministre a confié à un de mes grands amis : « Luchini, moi je le trouve snob et méchant. » Je ne suis pas un mec bien.

« Dis-moi qui tu joues, je te dirai qui tu es », disait Jouvet. À 50 ans, on est responsable de la grandeur de son nez, de son visage. Les mecs bien vont mieux que moi. Ils s'occupent toute la journée. Moi, je m'impose quatre-cinq mois sans rien faire face à mon vieux vide.

Les mecs bien disent : « À la télé, Luchini, c'est un bon client, il fait son numéro. » Pas si facile, d'être un bon client. C'est plus dur de réussir l'émission de Laurent Ruquier que de jouer *Poésie ?*. Beaucoup plus dur.

J'ai pris des risques avec les médias. Que s'est-il passé avec le politiquement correct ? Pourquoi ça a été un matériau d'inspiration comme un boulevard qu'on m'a ouvert ? Souvent, nous, les comédiens, nous parlons de nous et pas du film que nous devons « vendre ». Nous faisons des confidences, toujours des confidences – « grande rencontre », « profonde générosité », « c'est un homme formidable » – d'une impudeur démente et dont tout le monde se tape. À la télévision, j'ai donc essayé d'emprunter un autre boulevard que celui du politiquement correct. Le journalisme a une manière de poser des questions qui, le plus souvent, ne reflète pas les préoccupations qui ont été les nôtres. La réponse, en outre, ne compte pas. L'époque de l'image ne permet pas la nuance, puisque tout va extrêmement vite et finit par s'annuler. Michel Polac avait compris que les médias ne sont pas sérieux. On ne peut rien faire comprendre à la télévision, rien faire passer : la

224

télévision ne retient que l'énergie, éventuellement la drôlerie, en un mot la théâtralisation. Ce n'est pas par hystérie cabotine que je fais certains numéros, mais j'ai l'instinct du client, j'essaie de le faire venir dans ma boutique. Je tiens ça de mon père.

Les questions des médias, c'est toujours : « On aimerait bien vous connaître. » Alors que je passe mon temps à témoigner d'auteurs plus grands que moi, d'auteurs immenses, les gens ont parfois tendance à penser que j'occupe le terrain par infatuation de l'ego. Je me vois comme un passeur, et ils aiment me réduire au rôle de bon client. Drôle de paradoxe. Comme disait Flaubert à Louise Colet : « L'auteur, dans son œuvre, doit être comme Dieu dans l'univers, présent partout, et visible nulle part », ou comme il l'écrivait à Ernest Feydeau, « L'écrivain ne doit laisser de lui que ses œuvres. Sa vie importe peu. Arrière la guenille ! »

À la lueur de Flaubert, à mon petit niveau, j'ai compris assez rapidement ce cirque immense qu'étaient les médias. Je ne vais pas être plus malin que les autres, mais je ne vais pas les servir. Et j'arrive en leur disant de manière chrétienne, je parle au nom du père, au nom de mes écrivains. Je suis tellement sûr de mes écrivains – Céline, Flaubert, La Fontaine, Molière – que je suis iné-branlable, incontestable. Je parle de gens plus grands que moi. Je transforme leur question à la confidence du petit ego. Et puis c'est original, minoritaire. Ça n'habite pas tant que ça, l'œuvre d'art. Très peu de gens vont mal au point d'écouter Wagner et de lire Spinoza le matin. Il doit y en avoir 3 500 en France. Si tu lis Spinoza le matin, si tu te tapes un Wagner le soir : tu ne fais pas de jogging, tu ne regardes pas le foot, tu ne bouffes pas, tu ne baises pas et tu ne vas pas bien.

Nos héros médiatiques sont la preuve d'une immense bonne santé. Regardez « N'oubliez pas les paroles », une émission que j'adore. Il n'y a pas meilleur acteur de télé que Nagui. Il est vivant, il a des répliques et il a plein de gens qui viennent chanter des tubes devant lui. Parfois, ils chantent bien, parfois ils chantent très mal. On ne mettrait pas Jouvet dans « N'oubliez pas les paroles », ni Michel Bouquet. Il leur parlerait de saint François de Sales, du problème de Dom Juan, de la dernière pièce de Sartre qu'il a montée. Ça leur mettrait un coup sur le moral très rapidement. Heureusement que Philippe Muray ne présentait pas d'émission.

Cette obsession de la droite et de la gauche à vouloir faire lire les gens : mais de quel droit ils veulent qu'on arrête de travailler pour faire lire les gens ? Un sermon de Bossuet offre un rapport fulgurant avec le néant et l'éternité mais soixante-dix millions de gens qui liraient vraiment Bossuet ça créerait quelque chose de très étrange. C'est pourquoi cette immense proposition de la télévision n'est pas que négative. Nagui à 19 h 30, avec des gens qui chantent si bizarrement Johnny. Après vingt heures. Le « 20 heures ». Parfois j'ai envie de complimenter Pujadas. Il est capable de faire un « 20 heures » d'une très grande beauté, Pujadas ! Une merveille ! Au début du mois de septembre de cette année 2015, il a fait un « 20 heures » d'une très grande qualité.

Il n'y a aucun cinéma capable de faire ça. À un moment, ils sont partis à Calais et il y avait une femme rayonnante qui incarne un peu le bon côté des Français. Elle donnait ses prises électriques à des centaines de migrants et elle était très heureuse. Elle branchait des vieux portables. Dans son garage, il y avait une plaque avec deux cent cinquante prises et elle leur donnait des noms, elle les nommait. Elle branchait, elle branchait, elle branchait. Le journaliste, en montrant les prises, lui dit : « Pourquoi vous faites ça ? — On ne peut pas laisser les gens dans l'horreur », répond-elle, rayonnante. Arrive la voiture d'un mec qui a lancé une pétition contre elle et là de la pure grande sociologie qui dépasse même notre ami Jean-Pierre Le Goff. Il freine : « Pourquoi vous êtes contre ? »

Ils parlent en ch'ti, avec une rare courtoisie, qui montre que la France n'est pas perdue. Lui, il est contre l'aide aux migrants. Mais il calme sa véhémence par une phrase fulgurante : « Chacun ses opinions. » Ils finissent même par se dire au revoir chaleureusement. Elle est heureuse dans son rayonnement compatissant. Lui est médiocre et ne veut plus aider ces gens-là. Ils sont partis en se disant « chacun ses opinions ».

France 2 nous a fait pénétrer dans la ville de Calais. On a vu pour, on a vu contre, on a vu des prises électriques. Puis arrive une ancienne vendeuse de meubles qui offre des rouleaux de plastique aux migrants pour qu'ils en revêtent le sol de leurs tentes. Les migrants se massent, jusqu'à presque écraser la bonne femme. Personne ne parle français parmi eux. Personne ne regarde les caméras. Très nombreux, les migrants sont focalisés sur l'acquisition de ce rouleau de plastique. La femme titube, pressée de toute part. Ils *veulent* un bout de plastique pour se protéger du froid et de l'humidité. Voilà une scène qu'aucun film ne pourrait développer. Et voilà ce dont est capable le journal de David Pujadas.

La puissance poétique et tragique d'une médina à la nuit tombée, le « 20 heures », les ch'tis qui sont pas d'accord mais qui disent « chacun son opinion »... La France est quand même dans la modération. La preuve, le plus populaire, c'est Nagui. Il est le grand prêtre de la religion immense de la fréquentation du semblable. Cette foule est très heureuse et se moque sans doute de ce qui m'obsède et qui finalement m'a construit, mais me rend assez malheureux (sans exagérer) : l'admiration pour les génies, et la recherche frénétique et pathétique d'une note qui se voudrait être la note parfaite musicale.

Ambleteuse, 25 septembre 2015

Dernier jour de tournage. Dernière journée.

Soleil éclatant sur la Côte d'Opale près du cap Gris-Nez.

Je termine ce film. Abasourdi et sidéré par la puissance de la psyché dans ces affaires de tournage.

Dumont est obsédé par l'objectivation. Il n'a jamais manifesté le moindre enthousiasme à la fin des prises, comme un super psychiatre qui épouserait le concept de neutralité en évacuant la bienveillance.

Dumont a un génie du casting. Son histoire de grands bourgeois décadents confrontés aux disparitions et à l'anthropophagie des gens modestes. Une œuvre irrésistible, loufoque, hallucinante et extrêmement drôle. Je me remets au travail sur mon livre, et je retrouve Rimbaud le lundi 28 septembre prochain.

En attendant dans ma loge pour un changement de lumière la semaine dernière, j'ai révisé le début du spectacle *Poésie ?*. J'ai repris mécaniquement l'« Alchimie du verbe » et, comme dans une sorte d'éblouissement, j'ai repris le fameux passage : « J'inventais la couleur des voyelles », et en récitant ce texte que je connais depuis trente ou même quarante ans, le sens profond de cette fameuse phrase qui m'était encore obscur, abscons, s'est révélé :

A Noir,

E Blanc,

I Rouge,

O Bleu,

U Vert.

Pour la première fois dans cette caravane, j'ai vu les couleurs. J'ai répété ça des centaines et des centaines de fois, des milliers et des milliers de fois...

Je l'ai dit,

Je l'ai cherché,

Je l'ai appris.

Je reconnaissais que ce passage précis m'était obscur. Je préférais la phrase d'après : « Je réglai la forme et le mouvement de chaque consonne, et, avec des rythmes instinctifs, je me flattai d'inventer un verbe poétique accessible, un jour ou l'autre, à tous les sens. Je réservais la traduction. »

Dans cette caravane à Ambleteuse, le sens est apparu. Ça voudrait dire quoi ces couleurs de voyelles ? Eh bien, ça veut dire ce qui est écrit. Et c'est souvent ça chez Rimbaud. Pour accéder au sens, il faut le prendre au pied de la lettre. Surtout quand ces lettres deviennent des couleurs.

Je viens de voir les rushes, ce qu'on appelle les « bouts » (comme disait Éric Rohmer) du film de Bruno Dumont. C'est ahurissant, c'est puissamment poétique et irrésistible. Quant à mon rôle, je ne me reconnais même pas, je ne me retrouve même pas. J'aurais donc réussi une composition radicale ?

Pas du tout. Je n'ai même pas à me féliciter de ce résultat. Le talent de la costumière, de Michèle, ma maquilleuse, et de Mathieu, le coiffeur, y est pour beaucoup. Mais c'est surtout Bruno Dumont le seul responsable de cette métamorphose, c'est lui qui a composé à travers moi.

Mon seul mérite éventuellement : me laisser enfanter. Ça n'a l'air de rien, mais ce n'est pas évident de se laisser enfanter. Ce serait peut-être même le secret du métier d'acteur…

Livres cités

Chapitre premier

Page 14 – Jean de La Fontaine, « Le Meunier, son Fils et l'Âne », *Fables*, GF, Flammarion, 2007, p. 120.

Pages 15-16 – Jean de La Fontaine, « La Laitière et le Pot au lait », *Fables, op. cit.*, p. 214-215.

Page 17 – Jean de La Fontaine, « Le Loup et le Chien », *Fables, op. cit.*, p. 77.

Pages 19-20 – Molière, *Les Fâcheux*, Acte I, scène 1, Folio théâtre, Gallimard, 2005.

Page 21 – Arthur Rimbaud, « Le Bateau ivre », *Œuvres* I, *Poésies*, GF, Flammarion, 2004, p. 184.

Chapitre 2

Page 27 – Paul Valéry, *Le Bilan de l'intelligence*, Allia, 2011, p. 51-52.

Page 29 – Louis-Ferdinand Céline, *Voyage au bout de la nuit*, Folio, Gallimard, 2010, p. 95. © Éditions Gallimard pour toutes les citations suivantes de ce titre.

Page 31 – Louis-Ferdinand Céline, *Bagatelles pour un massacre*, Denoël, 1937, p. 165.

Page 32 – Louis-Ferdinand Céline, *Bagatelles pour un massacre, op. cit.,* p. 164.

Page 32 – Louis-Ferdinand Céline, *Voyage au bout de la nuit, op. cit.,* p. 316.

30 juin 2015

Page 34 – Paul Valéry, *Monsieur Teste*, L'Imaginaire, Gallimard, 1946, p. 89.

Chapitre 3

Page 38 – Louis-Ferdinand Céline, *Voyage au bout de la nuit, op. cit.,* p. 290.

Page 39 – Louis-Ferdinand Céline, *Voyage au bout de la nuit, op. cit.,* p. 10.

Page 44 – Louis-Ferdinand Céline, *Voyage au bout de la nuit, op. cit.,* p. 359-360.

Page 45 – Stendhal, *De l'amour*, GF, Flammarion, 2014, chap. XVII, p. 90.

Page 47 – Arthur Rimbaud, « L'Éternité », *Œuvres* II, *Vers nouveaux, Une saison en enfer,* p. 66 ; et « Faim », *ibid.,* p. 129.

Chapitre 4

Pages 49-50 – Simone de Beauvoir, *La Force des choses*, Folio, Gallimard, 1972. André Malraux, Lettre à Gaston Gallimard, citée dans le *Dictionnaire Malraux*, CNRS éditions, 2011, p. 142. André Gide, « Les juifs, Céline et Maritain », *La Nouvelle Revue française*, avril 1938. Jean Giono, Propos rapportés par un journaliste, *Le Petit Marseillais*, janvier 1933. Claude Lévi-Strauss, Interview, novembre 1990.

Pages 50-55 – Louis-Ferdinand Céline, *Voyage au bout de la nuit*, *op. cit.*, p. 184.

Page 52 – Louis-Ferdinand Céline, *Voyage au bout de la nuit*, *op. cit.*, p. 243.

Page 52 – Louis-Ferdinand Céline, *Voyage au bout de la nuit*, *op. cit.*, p. 260-261.

Page 53 – Louis-Ferdinand Céline, *Voyage au bout de la nuit*, *op. cit.*, p. 242.

Page 56 – Louis-Ferdinand Céline, *Voyage au bout de la nuit*, *op. cit.*, p. 243.

Pages 58-59 – Louis-Ferdinand Céline, *Voyage au bout de la nuit*, *op. cit.*, p. 94-97.

Page 60 – Louis-Ferdinand Céline, *Mort à crédit*, Folio, Gallimard, 1985, p. 13.

Page 62 – Véronique Robert et Lucette Destouches, *Céline secret*, Grasset, 2001, p. 152. Louis-Ferdinand Céline, *Lettres à Milton Hindus*, 11 juin 1947, Cahiers de la NRF, série Céline n° 11, 2012, © Éditions Gallimard.

Page 62 – Jean de La Fontaine, « Conseil tenu par les Rats », *Fables, op. cit.*, p. 99.

Page 63 – Louis-Ferdinand Céline, *Mort à crédit, op. cit.*, p. 13.

Page 63 – Louis-Ferdinand Céline, *Voyage au bout de la nuit, op. cit.*, p. 74.

Page 64 – Louis-Ferdinand Céline, *Lettres à Milton Hindus*, 22 mai 1947, *op. cit.*

Page 65 – Louis-Ferdinand Céline, *Lettres, op. cit.*

Page 65 – Louis-Ferdinand Céline, *Lettres à Milton Hindus*, 28 février 1948, *op. cit.*

Page 66 – Louis-Ferdinand Céline, *Lettres à la N.R.F.*, Choix 1931-1961, Édition de Pascal Fouché, Préface de Philippe Sollers, Folio, Gallimard, 2011.

Pages 66-67 – Paul Valéry, *Tel quel*, Folio essais, Gallimard, 1996, p. 133.

Page 67 – Louis-Ferdinand Céline, *Voyage au bout de la nuit, op. cit.*, p. 192, 236 et 10.

Page 68 – Louis-Ferdinand Céline, *Mort à crédit, op. cit.*, p. 22-23.

Page 69 – Louis-Ferdinand Céline, *Voyage au bout de la nuit, op. cit.*, p. 227.

Page 70 – Louis-Ferdinand Céline, *Voyage au bout de la nuit, op. cit.*, p. 268.

Page 70 – Louis-Ferdinand Céline, *Voyage au bout de la nuit, op. cit.*, p. 242.

Page 71 – Louis-Ferdinand Céline, *Voyage au bout de la nuit, op. cit.*, p. 160.

Pages 71-72 – Louis-Ferdinand Céline, *Voyage au bout de la nuit, op. cit.*, p. 236.

Chapitre 5

Page 79 – Molière, *Le Misanthrope*, Acte I, scène 1, GF, Flammarion, 2013, p. 42.

Pages 79-80 – Molière, *Le Misanthrope*, *op. cit.*, p. 44.

Page 80 – Molière, *Le Misanthrope*, *op. cit.*, p. 41.

Page 81 – Louis Jouvet, *Molière et la comédie classique*, Gallimard, 1965, p. 12.

Pages 81-83 – Molière, *Le Misanthrope*, *op. cit.*, p. 41-42.

Pages 83-86 – Molière, *Les Femmes savantes*, Acte IV, scène 3, Librio, 2015, p. 68-70.

Page 86 – Louis Jouvet, *Molière et la comédie classique*, *op. cit.*, p. 12.

Pages 86-87 – Louis Jouvet, *Molière et la comédie classique*, *op. cit.*, p. 37.

Pages 91-96 – Molière, *Les Femmes savantes*, Acte III, scène 3, *op. cit.*, p. 53-54.

Pages 97-98 – Molière, *Les Femmes savantes*, Acte II, scène 7, *op. cit.*, p. 32-34.

Chapitre 6

Page 104 – Friedrich Nietzsche, *Ainsi parlait Zarathoustra*, Prologue, trad. G.-A. Goldschmidt, Le livre de poche, 1983, p. 17.

Page 107 – Chrétien de Troyes, *Perceval ou le conte du Graal*, adaptation d'Éric Rohmer.

Pages 111-112 – Roland Barthes, Chronique du *Nouvel Observateur*, 5 mars 1979, p. 63. © *Le Nouvel Observateur*, tous droits réservés.

Chapitre 7

Pages 121-122 – Roland Barthes, *Fragments d'un discours amoureux*, Seuil, 1977, p. 33. © Éditions du Seuil, 1977.
Pages 122-123 – Roland Barthes, *Fragments d'un discours amoureux*, op. cit., p. 33-34. © Éditions du Seuil, 1977.
Pages 124-125 – Roland Barthes, *Fragments d'un discours amoureux*, op. cit., p. 37. © Éditions du Seuil, 1977.
Pages 125-126 – Samuel Beckett, *En attendant Godot*, Minuit, 1952, p. 25-27.
Page 126 – Roland Barthes, *Fragments d'un discours amoureux*, op. cit., p. 47. © Éditions du Seuil, 1977.
Page 131 – Jean Genet, *Miracle de la rose*, L'Arbalète, 1993.

Retour à Paris

Page 135 – Friedrich Nietzsche, *Le Gai Savoir*, § 364, « Le solitaire parle », trad. A. Vialatte, « Idées », Gallimard, 1950, p. 332.

Pages 135-136 – Chamfort, *Maximes et pensées, Caractères et anecdotes*, Folio, Gallimard, 1982, p. 40.

Chapitre 8

Page 138 – Emil Cioran, *Cahiers (1957-1972)*, Gallimard, 1997, p. 305.

Page 139 – Arthur Rimbaud, « Le Bateau ivre », *Œuvres* I, *op. cit.*, p. 184.

Page 139 – Victor Hugo, « Booz endormi », *La Légende des siècles*, Poésie-Gallimard, 2002, p. 40.

Page 140 – Arthur Rimbaud, « Le Bateau ivre », *Œuvres* I, *op. cit.*, p. 184.

Page 140 – André Dhôtel, *Rimbaud et la révolte moderne*, Gallimard, 1952 ; rééd. La petite vermillon, 2004.

Page 141 – Friedrich Nietzsche, *Le Gai Savoir*, § 329, *op. cit.*, p. 264-265.

Page 142 – Arthur Rimbaud, « Mauvais sang », *Œuvres* II, *op. cit.*, p. 107.

Page 142 – Friedrich Nietzsche, *Le Gai Savoir*, § 366, *op. cit.*, p. 336.

Pages 143-144 – Arthur Rimbaud, « Alchimie du verbe », *Œuvres* II, *op. cit.*, p. 125.

Page 144 – Jacques Rivière, *Études (1909-1924)*, *Cahiers de la NRF*, Gallimard, 1999.

Page 144 – Arthur Rimbaud, « Première soirée », *Œuvres* I, *op. cit.*, p. 63.

Page 145 – Arthur Rimbaud, « Roman », *Œuvres* I, *op. cit.*, p. 92. ; et « Sensation », *Œuvres* I, *op. cit.*, p. 65.

Page 146 – Arthur Rimbaud, « Les Assis », *Œuvres* I, *op. cit.*, p. 131, et « Les Sœurs de charité », *ibid.*, p. 157.

Page 147 – Stéphane Mallarmé, « Divagations », *Poésies*, GF, Flammarion, 1993.

Page 148 – Paul Valéry, *Monsieur Teste*, *op. cit.*, p. 89.

Pages 148-150 – Arthur Rimbaud, « Le Bateau ivre », *Œuvres* I, *op. cit.*, p. 184-185.

Page 150 – Arthur Rimbaud, « Alchimie du verbe », *Œuvres* II, *op. cit.*, p. 127.

Page 151 – Charles Baudelaire, « Spleen », *Les Fleurs du mal*, GF, Flammarion, 2012, p. 116.

Page 151 – Arthur Rimbaud, Lettre à Paul Demeny, 15 mai 1871, *Correspondance*, GF, Flammarion, 2015, p. 73.

Pages 151-152 – Louis Jouvet, *Prestige et perspectives du théâtre français. Quatre ans de tournées en Amérique latine (1941-1945)*, Gallimard, 1945, p. 51.

Page 152 – Arthur Rimbaud, « Le Bateau ivre », *Œuvres* I, *op. cit.*, p. 184-185.

Page 152 – Arthur Rimbaud, « Alchimie du verbe », *Œuvres* II, *op. cit.*, p. 131 et 127.

Page 154 – Jean Racine, *Phèdre*, Acte I, scène 1, GF, Flammarion, 2009, p. 75.

Pages 154-156 – Arthur Rimbaud, « Le Bateau ivre », *Œuvres* I, *op. cit.*, p. 185-187.

Chapitre 9

Pages 163-164 – Philippe Muray, *L'Empire du bien,* Les Belles Lettres, 2002.

Pages 164-166 – Philippe Muray, *Exorcismes spirituels, II, Les Mutins de Panurge,* Les Belles Lettres, 1998, p. 466, 468 et 470.

Pages 169-176 – Philippe Muray, « Tombeau pour une touriste innocente », *Minimum Respect*, Les Belles Lettres, 2003 – © LES BELLES LETTRES, Paris 2010.

Chapitre 10

Pages 187-188 – Friedrich Nietzsche, *Généalogie de la morale,* trad. E. Blondel, O. Hansen Løve, T. Leydenbach et P. Pénisson, Avant-propos, § 8, GF Flammarion, 1996, p. 34.

Page 187 – Friedrich Nietzsche, *Ainsi parlait Zarathoustra, op. cit.*, « De l'amour du prochain », p. 79-80.

Page 188 – Friedrich Nietzsche, *Le Gai Savoir, op. cit.*, p. 333-334.

Page 189 – Friedrich Nietzsche, *Le Gai Savoir, op. cit.*, p. 332-333.

Page 192 – Friedrich Nietzsche, *Ainsi parlait Zarathoustra, op. cit.*, « Lire et écrire », p. 56-57.

31 août
Page 197 – Suzanne Julliard, *Anthologie de la prose française*, De Fallois, 2015.
Page 197 – Bossuet, « La Mort », *Sermons*, Folio, Gallimard, 2001.

Chapitre 12

Page 225 – Gustave Flaubert, Lettre du 9 décembre 1852 à Louise Colet, *Correspondance,* vol. II (juillet 1851-décembre 1858) ; et Lettre du 21 août 1859 à Ernest Feydeau, *Correspondance*, vol. III, Bibliothèque de la Pléiade, Gallimard, 1980.

Épilogue

Page 232 – Arthur Rimbaud, « Alchimie du verbe », *Œuvres* II, *op. cit.*, p. 126.

REMERCIEMENTS

Je remercie Emmanuelle Garassino, Vincent Trémolet de Villers, et mon éditrice, Maxime Catroux.

TABLE